# Anleitung für Pendelheilbefehle

# Teil 1

## Von Erich Hunter Ph.D.

## Übersetzt von
## Ingrid Dammalage-Kirst

**Haftungsausschluss**

Dieses Buch dient nur zur Unterhaltung. Die Informationen in diesem Buch sollten niemals als Ersatz für eine professionelle medizinische Behandlung oder als Ersatz für juristischen Beistand angesehen werden. Begeben Sie sich in medizinische Behandlung und wenden Sie sich an einen Rechtsberater. Jegliche Anwendung der Informationen aus diesem Buch geschieht auf eigenes Risiko und eigene Gefahr. Weder der Autor noch der Verlag haften für eventuelle Schäden, Verluste oder sonstige Geschehnisse, die sich aus der Anwendung oder der missbräuchlichen Nutzung der im Buch gemachten Vorschläge ergeben. Die Verantwortung, professionellen medizinischen oder juristischen Rat einzuholen und zu befolgen, liegt allein beim Leser.

# Inhaltsverzeichnis


Pendelheilung ............................................................1

Einführung in Pendelbefehle.....................................3

Befehle für alle Situationen .....................................7

Notfall-Befehle ........................................................8

Die Befehle ..............................................................10

Akasha-Chroniken ..................................................11

Beziehungen ............................................................13

Chakren ....................................................................18

DNA-Aktivierung....................................................36

Emotionen ................................................................39

Essen und Trinken ...................................................45

Ferien........................................................................47

Geld...........................................................................49

Geopathischer Stress ...............................................60

Geschäfte ..................................................................64

Gesundheit (alle Aspekte) .......................................72

Gewichtsabnahme ....................................................112

Homöopathie............................................................114

Inneres Kind ............................................................117

Karma .......................................................................120

Karriere ....................................................................122

Kinder und Teenager................................................127

Kommunikation .......................................................134

Kristalle ............................................................................ 136

Lebensende ...................................................................... 138

Manifestation ................................................................... 141

Meditation ....................................................................... 143

Naturgeister ..................................................................... 144

Planeteneinflüsse .............................................................. 147

Problemlösung .................................................................. 149

Rechtliches ....................................................................... 152

Reiki ................................................................................. 156

Reisen .............................................................................. 160

Schutz .............................................................................. 163

Spuk ................................................................................. 166

Sternensamen ................................................................... 169

Tägliche Routine .............................................................. 172

Tiere ................................................................................. 175

Übersinnliche Fähigkeiten ................................................ 187

UFOs ............................................................................... 190

Vergangene Leben ............................................................ 192

Verloren und gefunden ..................................................... 194

Wetter .............................................................................. 196

Zuhause ............................................................................ 198

Befehlsstichworte ............................................................. 201

Danke ............................................................................... 206

# Pendelheilung

Wenn du dieses Buch zur Hand genommen und noch nie eine Pendelheilung durchgeführt hast, hier eine kurze Einführung. Wenn du bereits weißt, wie man Pendelheilungen durchführt, kannst du mit dem nächsten Abschnitt fortfahren.

Pendelheilung ist die Verwendung eines Pendels, um Änderungen anzuregen und etwas, das du erleben möchtest, wahrscheinlicher werden zu lassen.

Dir sind dabei keine Grenzen gesetzt. Die einzige Begrenzung liegt in deiner Vorstellungskraft.

<u>Durchführung einer einfachen Pendelheilung.</u>

1) Halte ein Pendel.

2) Wenn sich das Pendel zu drehen beginnt, sage einen "Befehl", der benennt, was geschehen soll.

3) Lass das Pendel solange kreisen, bis es von einer Seite zur anderen schwingt.

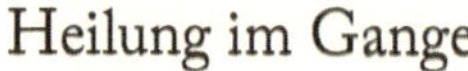

Heilung im Gange

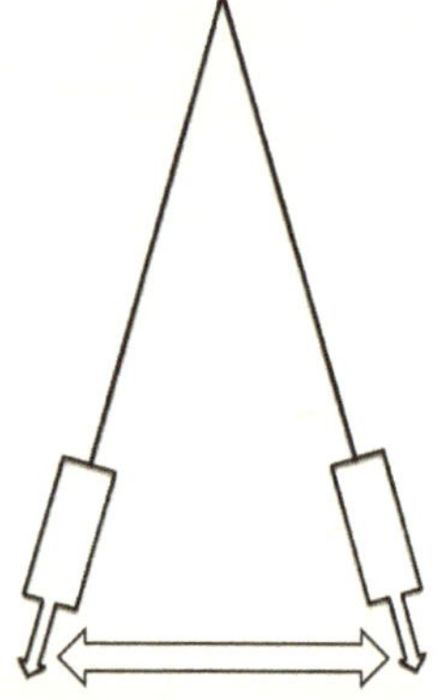

Heilung abgeschlossen

4)  Wiederhole den Prozess oder schließe ihn ab.

Für beste Ergebnisse verwende ein Heilpendel, da diese das richtige energetische Design haben.

Um mehr über Heilpendel zu lernen besuche:
www.pendulumhealing.com

Anmerkungen:

Beginne nie mit einem stillstehenden Pendel. Setze das Pendel in Bewegung und lass es, wenn nötig, kreisen.

Sage den Befehl einmal. Wiederhole ihn nicht, es sei denn, die Umstände verlangen danach.

Lass dich von den Ergebnissen überraschen.

# Einführung in Pendelbefehle

Pendelbefehle sind Anweisungen, die du während einer Pendelheilung gibst. Der Zweck von Pendelbefehlen besteht darin, die Wahrscheinlichkeit zu erhöhen, dass etwas passiert, dass etwas gestoppt wird, dass etwas geändert wird und/oder dass etwas durch Bestätigung verstärkt wird.

Deine Pendelbefehle sollten kurz und entschieden sein. Am besten eignen sich einfache und direkte Aussagen.

Im Folgenden schlüssele ich die gebräuchlichsten Arten von Pendelbefehlen auf.

## Befehlssätze

Die meisten Pendelbefehle sind Befehle, die einen Auftrag, eine Anweisung oder Anleitung geben.

Beispiele solcher Pendelbefehle:

Ändere die Energie des Raumes in Blaugrün.

Neutralisiere negative Gedanken, Emotionen und Erinnerungen zwischen den Personen x und y.

Harmonisiere die Beziehung zwischen Person x und y.

## Erklärende Aussagen

Erklärungen sind Affirmationen, in denen du etwas beanspruchst oder behauptest. Der Zweck eines erklärenden Pendelbefehls besteht in der Verstärkung dessen was gesagt wird und/oder in der Erhöhung der Wahrscheinlichkeit, dass es wahr wird.

Beispiele erklärender Pendelbefehle:

Ich bezeuge vollständige Heilung.

Ich bin frei von jeglichem psychischen Angriff.

Ich bin gesund und heil.

Ich bin liebenswert, ich liebe.

Die Verwendung erklärender Pendelbefehle entspricht demselben Konzept wie die New-Age-Verwendung von Affirmationen im Gesetz der Anziehung.

Erkenne, dass du mit deinem Pendel jede beliebige erklärende Aussage unterstützen kannst, indem du sie als Pendelbefehl angibst.

## Anrufungen

Eine Art Pendelbefehl ist die Anrufung, bei der du eine Gottheit oder ein übernatürliches Wesen um Hilfe bittest. Du kannst Anrufungen mit jeder Art von Pendelbefehl kombinieren und alternativ kannst du Pendelheilung durchführen, ohne überhaupt Anrufungen zu verwenden.

Beispiele von Anrufungen mit Pendelbefehlen:

Liebes Göttliche, wandle die Energie dieser Person in Blaugrün.

Lieber Gott, wenn es zu meinem Wohl ist, heile mich von dieser Krankheit.

Liebe Göttin, erhöhe mein Bewusstsein auf das höchstmögliche Niveau.

Geistführer, helft mir zu lernen, was ich aus dieser Situation lernen muss.

Im Allgemeinen werde ich keine Anrufungen mit den meisten Befehlen in diesem Buch verknüpfen, aber du kannst sie jedem Befehl hinzufügen. Bitte deine höhere Macht und/oder deine Geistführer um Hilfe, wenn du der Meinung bist, dass dies erforderlich ist. Viele Menschen sehen darin eine machtvolle Praxis.

## Fragen

Pendelbefehle nehmen fast nie die Form von Fragen an. Das liegt daran, dass Fragen etwas Ungelöstes sind und es in der Regel keinen Sinn macht, sie zu verstärken. In den meisten Fällen strebst du mit dem Befehl eine Lösung an und vermeidest deswegen Fragen.

## Beendigung eines Pendelbefehls

Du beendest einen Pendelbefehl am besten immer mit einem Satz wie:

"… nur wenn es zum höchsten Wohl ist."

"… dies oder etwas Besseres."

Das verhindert, dass du einen Fehler machst, indem du um etwas bittest, das nicht passieren sollte. Denn es gibt dir die Möglichkeit, nach dem zu fragen, was du möchtest, ohne dir Gedanken über Fehler machen zu müssen, weil der Pendelbefehl nicht funktioniert, wenn er nicht zum höchsten Wohl ist. Ich werde diese Phrasen nicht nach jedem Befehl in diesem Buch anführen, aber ich empfehle, sie entweder nach jedem Befehl anzubringen oder in den Eröffnungs-gebete vor Beginn deiner Pendelheilungssitzung etwas in dieser Richtung zu sagen. Ich kann gar nicht genug betonen, wie wichtig das ist.

Indem du immer „Black-Black" oder „Win-Win" spielst, lebst du das, was ich den „Pendelheilungs-Lebensstil" nenne, der durch „Win-Win"-Situationen zum höchsten Wohl aller Betroffenen charakterisiert werden kann. Wenn du das ausreichend tust, wirst du eine Tonne gutes Karma erzeugen, dein Leben wird großartig sein und deine Anwesenheit wird jedem zum Vorteil, dem du begegnest.

## Zum Schluss

Es gibt keine Begrenzung der Pendelbefehle, die du verwenden kannst. Du kannst entweder die Befehle aus diesem Buch benutzen oder eigene erstellen. Beide Herangehensweisen werden erfolgreich sein. Ich hoffe, du wirst dieses Buch sowohl als Quelle der Befehle als auch als Quelle der Anregung nutzen, um deine eigenen Pendelbefehle zu erstellen.

# Befehle für alle Situationen

Ich empfehle dringend, diese Pendelbefehle auswendig zu lernen und sie sofort einsatzbereit zu haben.

Ändere die Energie von ______ in Blaugrün.

Reduziere das Niveau / die Menge von ______.

Harmonisiere ______ mit meinem Körper.

Harmonisiere die Beziehungen zwischen ______ und______.

Ich bezeuge eine komplette und vollständige Heilung von ______.

Steigere meine Fähigkeit zu empfangen auf das höchste Niveau.

Steigere meinen Genuss auf das höchstmögliche Niveau.

Steigere die Menge an Liebe auf das höchstmögliche Niveau.

Steigere die Bereitschaft zu heilen von ______.

Neutralisiere Blockaden von ______ zu heilen.

Neutralisiere negative Gedanken, Emotionen und Erinnerungen zwischen ______ und ______.

Steigere mein Bewusstsein, damit ich weiß was ich wissen muss und tue was getan werden muss, um diese Situation zu lösen.

Erhöhe die Bewusstseinsstufe von ______.

Steigere die Vitalität von ______.

Entferne jegliche Auswirkung von ______.

Entferne/neutralisiere Traumata ______.

Sende Liebe an ______.

# Notfall-Befehle

Hier findest du eine Kurzreferenz für einige häufige Szenarien, in denen möglicherweise nicht genug Zeit ist, das ganze Buch zu überfliegen.

<u>Beziehungen</u>

Harmonisiere die Beziehungen zwischen ______ und ______.

Sende Liebe an ______.

Steigere das Bewusstsein von ______.

Neutralisiere negative Gedanken, Emotionen und Erinnerungen zwischen ______ und ______.

<u>Krankenhaus, Arztpraxis</u>

Steigere das Bewusstsein von (Ärzten, Krankenschwestern, Angestellten usw.).

Sende Liebe und Heilung an (Ärzte, Krankenschwestern, Angestellte usw.).

Harmonisiere meine Beziehungen zu (Ärzten, Krankenschwestern, Angestellten usw.).

Möge diese Situation sich zu meinem Wohl und zum Wohl aller Beteiligten entwickeln.

<u>Ich fühle mich nicht gut</u>

Wandle die Energie in Blaugrün.

Neutralisiere schädliche Bakterien und Viren.

Reduziere negative Auswirkungen von _______.

Ich bezeuge vollständige Heilung.

Steigere das Bewusstsein.

Steigere die Vitalität.

Sende Wintergrau an jegliche schädlichen Bakterien und Viren.

Mentale Gesundheit

Reduziere die Größe des Kronenchakras.

Vergrößere das Wurzel-/Basis-Chakra.

Steigere das Bewusstsein.

Sende Liebe.

Unfälle, Verbrennungen, Brüche, Prellungen

Ich bezeuge vollständige Heilung.

Neutralisiere das Trauma oder entferne die Energie des Traumas.

Sende Blaugrün.

# Die Befehle

Der Rest des Buches besteht aus Pendelbefehlen, die nach Themen gruppiert und in alphabetischer Reihenfolge aufgelistet sind. Das war der logischste Weg, um die große Anzahl von Befehlen zu organisieren, die ich für das Buch erstellt habe.

Du benutzt dieses Buch, indem du das zu ändernde Problem bestimmst, und dann gehst du zu dem Abschnitt, in dem sich mit größter Wahrscheinlichkeit die von dir benötigten Befehle befinden.

Wenn du zum Beispiel ein Gesundheitsproblem hast, gehst du zuerst zum Abschnitt Gesundheit und durchsuchst ihn nach relevanten Befehlen. Du kannst auch in anderen Abschnitten des Buches nach nützlichen Befehlen schauen. Beispielsweise hängt ein Gesundheitsproblem möglicherweise mit ungelösten emotionalen Problemen zusammen. Nach dem Abschnitt zur Gesundheit schaue dann in den Abschnitt über Emotionen.

Es wird auch nützlich sein, das Buch ganz allgemein zu überfliegen und sich von Befehlen "ansprechen" zu lassen. Vielleicht ist ein bestimmter Befehl genau das, was du im Moment brauchst, doch dein logischer Verstand würde ihn nicht finden. Lass dich von der Synchronizität leiten.

Du kannst die Befehle auch zur Inspiration benutzen, um deine eigenen Befehle zu erstellen, und ich empfehle, dies zu tun. Modifiziere, füge hinzu, ändere, kombiniere so wie es für dich passt. Je mehr du das tust, desto besser wirst du im Erstellen und Anwenden von Befehlen.

# Akasha-Chroniken

Hier sind einige Befehle, die dir helfen auf die Akasha-Chroniken zuzugreifen. Es ist wichtig zu beachten, dass laut Edgar Cayce die Informationen der Akasha-Chroniken verfügbar sind sowohl durch Channeling von Informationen als auch durch Betrachten der herausforderndsten Aspekte deines Lebens, insbesondere der Beziehungen. Nach meiner Interpretation von Cayce besteht der Zweck der Akasha-Chroniken darin, deine Seele zu entwickeln, indem du unterrichtet wirst, bedingungslos zu lieben.

## Befehle

Liebes Göttliche, ich greife jetzt zum höchsten Wohl aller Betroffenen auf meine Akasha-Chronik von _______ zu.

Liebes Göttliche, bitte gestalte dieses Reading zu meinem Wohl und zum Wohl aller Betroffenen.

Harmonisiere meine Beziehung zu den Akasha-Chroniken.

Harmonisiere meine Beziehung zu (Person, die dir Probleme bereitet).

Ich bezeuge komplette und vollständige Heilung jeglicher herausfordernden Beziehungen.

Steigere meine Fähigkeit auf das höchstmögliche Niveau, akkurate Informationen aus den Akasha-Chroniken zu empfangen.

Steigere meine Fähigkeit auf das höchstmögliche Niveau, die Informationen der Akasha-Chroniken objektiv zu hören / zu erkennen.

Steigere mein Selbstvertrauen auf das höchstmögliche Niveau, um auf die Akasha-Chroniken zuzugreifen.

Neutralisiere jegliche Angst, die _______ vor einer Lesung der Akasha-Chroniken hat.

Entferne jeglichen Zweifel über die Lesung meiner Akasha-Chroniken.

# Beziehungen

Menschen sind soziale Wesen und gesunde Beziehungen sind ein wichtiger Faktor für Gesundheit und Wohlbefinden. Benutze diese Befehle in Kombination mit der Heilung von Emotionen und Akasha-Heilung, um deine romantischen und nicht-romantischen Beziehungen zu verbessern.

**Befehle**

Allgemein (Beziehungen: romantisch und nicht-romantisch)

Harmonisiere die Kommunikation zwischen uns.

Harmonisiere die Beziehung zwischen ______ und ______.

Heile meine Verbindung zu ______.

Ich bin kein Opfer.

Ich bin nicht dafür verantwortlich, anderen zu guten Entscheidungen zu verhelfen.

Ich kann nein sagen.

Erhöhe die Synchronizitäten, die dazu führen, dass ich starke und gesunde Beziehungen knüpfe.

Neutralisiere all meine Blockaden, klar zu kommunizieren.

Neutralisiere alle negativen Gedanken, Emotionen oder Erinnerungen zwischen uns und wandele sie in neutrale Gedanken, Emotionen oder Erinnerungen um.

Optimiere meine Fähigkeit, meine Gedanken und Gefühle klar auszudrücken.

Sende blaugrüne Energie an diese Beziehung.

Sende graue Energie an diese Beziehung.

Stärke meinen Wunsch, aus gesunden Gründen in einer Beziehung zu sein.

<u>Romantik - Beziehungen entwickeln / pflegen</u>

Verringere den Grad der Abhängigkeit meines Partners, alles für mich zu sein.

Belebe Lebendigkeit und Schwung in meiner Beziehung.

Befreie mich von den Projektionen meines Partners, wie ich sein sollte.

Befreie mich davon, mein Denken auf meinen Partner zu projizieren.

Befreie mich aus dieser Beziehung, wenn es zu meinem höchsten Wohl und zum höchsten Wohl aller Betroffenen ist.

Harmonisiere uns als Paar, damit wir andere Paare anziehen, die Zeit mit uns verbringen möchten.

Steigere meine Fähigkeit, meine Beziehung objektiv zu betrachten.

Steigere meine Fähigkeit, die Konsequenzen meiner Wahl in Beziehungen deutlicher zu erkennen.

Erweitere meine eigenen Interessen.

Steigere die Anzahl meiner Freunde außerhalb der Beziehung.

Maximiere meine Fähigkeit, in meiner Beziehung authentisch zu sein.

Maximiere meine Vertrauenswürdigkeit.

Neutralisiere all meine Blockaden, ein soziales Leben außerhalb meiner Beziehung zu pflegen.

Neutralisiere all meine Tendenzen, in einer Beziehung zu jemand anderem zu werden.

Neutralisiere meinen Drang, im Streit mit meinem Partner immer Recht haben zu müssen.

Neutralisiere meine Angst, etwas falsch zu machen.

Neutralisiere Langeweile in meiner Beziehung.

Erhöhe mein Bewusstsein auf das höchste Niveau, so dass ich erkenne, was ich von der Beziehung will.

Steigere unsere Bewusstsein auf das höchstmögliche Niveau.

Erhöhe das Bewusstsein der energetischen Schnur zwischen uns.

Entferne mein Verlangen, dass mein Partner alles für mich sein soll.

Sende eine Nachricht an das Universum, um die richtigen Leute / Personen für mich zu finden.

Stärke meine Fähigkeit, die Fehler meines Partners ohne Bewertung zu akzeptieren und mir meiner eigenen bewusst zu sein.

Verwandle mich wieder in die Person, in die sich mein Partner verliebt hat.

Schwäche meinen Wunsch, dass mein Partner mir immer zustimmen soll.

<u>Romantik – Liebe finden</u>

Verwandle mich in jemanden, der sich so klar ausdrückt, dass mein Licht wie die Sonne scheint und den perfekten romantischen Partner anzieht.

Kläre meine Blockaden ich selbst zu sein, gleich ob in einer Beziehung oder ohne eine Beziehung.

Lieber Gott, erhöhe mein Bewusstsein auf das höchstmögliche Niveau, damit ich sehen kann, ob diese Beziehung wirklich gut für mich ist.

Gib mir den Mut, mir selbst treu zu bleiben, auch wenn ich nicht in meiner Komfortzone bin.

Hilf mir, meine eigenen Interessen, Hobbys und Leidenschaften zu entwickeln.

Ich ziehe jetzt die perfekte Person an, mit der ich eine romantische Beziehung habe (z. B. Dating, Ehe, usw.).

Ich bezeuge, dass ich in meiner Beziehung individuell bleibe.

Ich bezeuge, dass ich lerne, was ich lernen muss, um den perfekten romantischen Partner zu finden.

Wenn diese Beziehung zu meinem höchsten Wohl ist, stärke sie bitte.

Wenn diese Beziehung nicht zu meinem höchsten Wohl ist, beende sie bitte mit Würde.

Erhöhe meine Fähigkeit, mich zu entspannen, Erfahrungen zu genießen und mit anderen in meiner Freizeit zu treffen.

Neutralisiere all meine Blockaden klar zu erkennen, was ich von einer Beziehung erwarte.

Neutralisiere alle Blockaden, die wir haben, uns zu finden, und gib jedem von uns Motivation und Synchronizitäten, damit wir uns zu meinem höchsten Wohl und zum höchsten Wohl aller treffen.

Sende eine Nachricht an das Universum, um die perfekten Verabredungen für mich herbei zu rufen.

Sende Wintergrau daran, eine romantische Beziehung zu suchen, die die Dysfunktion meiner Familie wiederholt.

Zeige mir, wieso meine vorherigen Beziehungen schief gegangen sind.

Wandle mich zum besten Freund meiner selbst.

Turbolade meine Fähigkeit, eine gesunde romantische Beziehung zu identifizieren und zu führen.

# Chakren

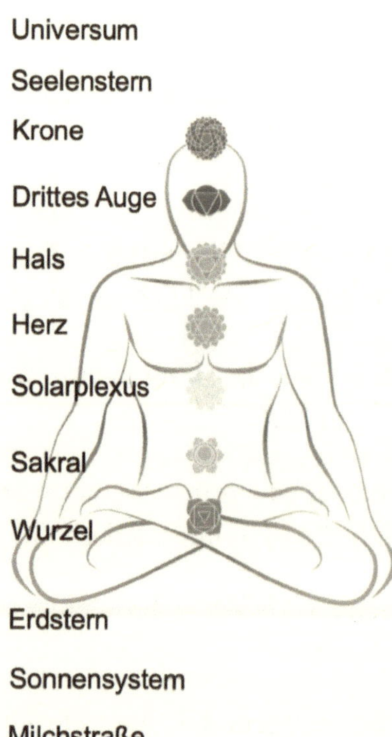



Mein Konzept des Chakrasystems unterscheidet sich von dem anderer Autoren. Ich glaube, wenn wir auf der Erde inkarniert sind, ist unser Chakrasystem auf der Erde, dem Sonnensystem und der Milchstraße zentriert. Das gesamte Universum ist unser Universumschakra. Wir sind daher Teil des Kosmos und manifestieren uns physisch in einem Körper, der sich um die traditionellen Chakren dreht, wenn wir die Erde bewohnen. Mir scheint auch klar, dass die Entwicklung des Regenbogenkörpers die volle Entwicklung und das Potenzial unseres Chakrasystems ist, das die Farben des Regenbogens hat.

Jeder profitiert von der Chakra-Heilung, und zusätzlich zur Heilung von Mensch und Tier kann man damit auch „menschenähnliche" Wesen heilen. Zum Beispiel haben Unternehmen, Regierungen, Organisationen, Arbeitsprojekte, Gruppen von Menschen, Familien, dein Haus, Auto usw. jeweils ein Chakrasystem, das geheilt werden kann.

Die Erde selbst hat auch ein Chakrasystem, das unser eigenes (wie oben, so unten) widerspiegelt, so dass es auch für die globale / ökologische Heilung wichtig ist.

Ich präsentiere am Ende dieses Kapitels auch einige Befehle zur Entwicklung des Regenbogenkörpers und der Kundalini.

## Befehle

Erdstern-Chakra

Stärke das Erdstern-Chakra (zur Erdung).

Wurzel-Chakra

Erwecke das Wurzel-Chakra für meinen vollen menschlichen Ausdruck.

Löse alle Blockaden im Wurzel-Chakra auf.

Stärke das Wurzel-Chakra, um meinen Lebenshunger zu steigern.

Aktiviere mein Wurzel-Chakra, um meinen finanziellen Erfolg / meine Fähigkeit, Krankheiten abzuwehren, zu steigern.

Energetisiere mein Wurzel-Chakra, um meine allgemeine Kraft und Stärke zu steigern.

Verwurzele (das Wurzel- oder Erdstern-) Chakra in der Erde (Linderung von Manie, Schlaflosigkeit, Angstzuständen, ADHS usw.).

Ich bezeuge das richtige Funktionieren meines Wurzel-Chakras.

Erhöhe den Strom der Wurzel-Chakra-Energie zu meinem (füge das Chakra ein, das Energie benötigt).

Erhöhe die Kraft und den Energiefluss von meinem Wurzel-Chakra zu den anderen Chakren.

Neutralisiere Traumata im Wurzel-Chakra.

Setze die Kraft meines Wurzel-Chakras frei, um meine Gesundheit und meine Kraft zu stärken.

Setze die Kraft meines Wurzel-Chakras frei, damit ich mich in diesem Leben kraftvoll ausdrücken kann.

Sende rotes Licht an das Wurzel-Chakra.

Stärke mein Wurzel-Chakra, damit es optimal funktioniert.

Stärke mein Wurzel-Chakra.

Stärke den Energiefluss in mein Wurzel-Chakra.

Wandle die Wurzel-Chakra-Energie in weltliche Kraft.

Übertrage die Kraft des Wurzel-Chakras, um meine finanzielle Unabhängigkeit zu stärken.

Übertrage die Kraft des Wurzel-Chakras, um meine Fähigkeit Geld zu machen zu energetisieren.

Übertrage die Kraft des Wurzel-Chakras, um meinen Lebenswillen und meine gesamte Vitalität zu energetisieren.

<u>Sakral-Chakra</u>

Erwecke das Sakral-Chakra, um meine Kreativität voll auszudrücken.

Löse alle Blockaden im Sakral-Chakra.

Stärke das Sakral-Chakra, um meinen Sexualtrieb zu steigern.

Energetisiere mein Sakral-Chakra, um meine Fähigeit ein Kind zu empfangen zu erhöhen.

Energetisiere mein Sakral-Chakra, um mich sexuell potenter und sinnlicher zu machen.

Ich bezeuge das richtige Funktionieren meines Sakral-Chakras.

Erhöhe den Strom der Energie des Sakral-Chakras zu meinen Sexualorganen.

Erhöhe die Kraft und den Strom der Energie meines Sakral-Chakras zu meinen anderen Chakren.

Neutralisiere Traumata im Sakral-Chakra.

Setze die Kraft meines Sakral-Chakras frei, um meinen kreativen Selbstausdruck zu steigern.

Setze die Kraft meines Sakral-Chakras frei, um kraftvoll Fülle zu erfahren.

Sende orangefarbenes Licht an das Sakral-Chakra.

Stärke den Energiefluss in mein Sakral-Chakra.

Transformiere die Energie des Sakral-Chakras in Leidenschaft zum Leben.

Übertrage die Energie des Sakral-Chakras, um meine Kreativität zu stärken.

Übertrage die Energie des Sakral-Chakras, um meinen kreativen Selbstausdruck zu stärken.

Solarplexus-Chakra

Erwecke das Solarplexus-Chakra für meinen vollen strahlenden Ausdruck.

Löse alle Blockaden im Solarplexus-Chakra auf.

Stärke das Solarplexus-Chakra, um meine persönliche Kraft zu steigern.

Energetisiere mein Solarplexus-Chakra, um mich bei der Entscheidungsfindung zu unterstützen.

Energetisiere mein Solarplexus-Chakra, um mein Selbstwertgefühl und mein Selbstvertrauen zu steigern.

Ich bezeuge das richtige Funktionieren meines Solarplexus-Chakras.

Erhöhe den Strom der Energie des Solarplexus-Chakras zu meinem Verdauungssystem.

Erhöhe die Kraft und den Energiefluss von meinem Solarplexus-Chakra zu meinem Herz-Chakra.

Neutralisiere Traumata im Solarplexus-Chakra.

Setze die Kraft meines Solarplexus-Chakras frei, um meinen Selbstausdruck zu steigern.

Setze die Kraft meines Solarplexus-Chakras frei, damit ich mich kraftvoll zum Ausdruck bringen kann.

Sende gelbes Licht an das Solarplexus-Chakra.

Stärke den Energiefluss in mein Solarplexus-Chakra.

Wandle die Energie des Solarplexus-Chakras, damit ich meinem wahren Weg folgen kann.

Übertrage die Kraft des Solarplexus-Chakras, um meine Willenskraft zu energetisieren.

<u>Herz-Chakra</u>

Erwecke das Herz-Chakra für meinen vollen Ausdruck der Liebe.

Löse alle Blockaden im Herz-Chakra auf.

Stärke das Herz-Chakra, damit ich mich selbst besser fühlen und emotional ausdrücken kann.

Energetisiere mein Herz-Chakra, um meine Gefühle der Liebe, Freude und emotionalen Brillanz zu steigern.

Ich bezeuge das richtige Funktionieren meines Herz-Chakras.

Erhöhe den Strom der Herz-Chakra-Energie zu meinen oberen Chakren.

Erhöhe die Kraft und den Energiefluss von meinem Herz-Chakra zu den anderen Chakren.

Erhöhe die Kraft und den Energiefluss von meinem Herz-Chakra zum Kehl-Chakra.

Neutralisiere Traumata in meinem Herz-Chakra.

Setze die Kraft meines Herz-Chakras frei, um meine Wahrnehmung tiefgründiger Wahrheit zu verbessern.

Setze die Kraft meines Herz-Chakras frei, um meine Gefühle stark zu empfinden und eine liebevolle Person zu sein.

Sende grünes Licht an mein Herz-Chakra.

Stärke den Energiefluss in mein Herz-Chakra.

Wandle die Herz-Chakra-Energie in emotionale Tiefe und Gefühle.

Übertrage Herz-Chakra-Energie um meine Gefühle zu stärken.

Übertrage die Kraft des Herz-Chakras, um meine Fähigkeit zu energetisieren eine Person mit tiefen Gefühlen zu sein, die aus dem Herzen heraus handelt.

<u>Kehl- / Hals-Chakra</u>

Erwecke das Kehl-Chakra für meinen vollen stimmlichen Ausdruck.

Löse alle Blockaden im Kehl-Chakra auf.

Stärke das Kehl-Chakra, um meine Fhigkeit klar zu kommunizieren zu steigern.

Energetisiere mein Kehl-Chakra, um mir zu helfen besser gehört zu werden.

Energetisiere mein Kehl-Chakra, um meinen Selbstausdruck zu steigern.

Ich bezeuge das richtige Funktionieren meines Kehl-Chakras.

Erhöhe den Energiefluss vom Hals-Chakra zu meiner Stimme.

Erhöhe die Kraft und den Energiefluss von meinem Hals-Chakra zum Chakra am dritten Auge.

Neutralisiere Traumata im Kehl-Chakra.

Setze die Kraft meines Kehl-Chakras frei, um meinen Ausdruck der Wahrheit zu bessern.

Setze die Kraft meines Kehl-Chakras frei, um kraftvoll zu reden.

Sende blaues Licht an das Kehl-Chakra.

Stärke den Energiefluss in mein Kehl-Chakra.

Wandle die Energie des Kehl-Chakras darein, gehört zu werden.

Übertrage die Kraft des Kehl-Chakras, um meine Stimme zu energetisieren.

### Drittes Auge / Stirn-Chakra

Erwecke mein Stirn-Chakra für meinen vollen intuitiven Ausdruck.

Löse alle Blockaden in meinem Stirn-Chakra auf.

Stärke mein Stirn-Chakra, um meine psychischen Fähigkeiten / meine übersinnliche Wahrnehmung zu steigern.

Energetisiere mein Stirn-Chakra, um meine Hellsichtigkeit zu steigern.

Energetisiere mein Stirn-Chakra, um meine Intuition zu stärken.

Ich bezeuge das richtige Funktionieren meines Stirn-Chakras.

Erhöhe den Energiefluss vom Stirn-Chakra in meine Augen.

Erhöhe die Kraft und den Energiefluss von meinem Stirn-Chakra zum Kronen-Chakra.

Neutralisiere Traumata im Stirn-Chakra.

Setze die Kraft meines Stirn-Chakras frei, um mein inneres Wissen zu stärken.

Setze die Kraft meines Stirn-Chakras frei, um kraftvoll spirituelle Wahrheiten zu sehen.

Sende violettes Licht an das Stirn-Chakra.

Stärke den Energiefluss in mein Stirn-Chakra.

Wandle die Energie des Stirn-Chakras in übersinnliche Fähigkeiten.

Übertrage die Kraft des Stirn-Chakras, um meine Hellsichtigkeit zu energetisieren.

Kronen-Chakra

Erwecke mein Kronen-Chakra für meinen vollen spirituellen Ausdruck.

Löse alle Blockaden im Kronen-Chakra auf.

Stärke mein Kronen-Chakra, um meine Verbindung zur Quelle zu stärken.

Energetisiere mein Kronen-Chakra, um mich zu erleuchten.

Energetisiere mein Kronen-Chakra, um meine Göttlichkeit zu erhöhen.

Ich bezeuge das richtige Funktionieren meines Kronen-Chakras.

Erhöhe den Energiefluss von meinem Kronen-Chakra in die Aura.

Erhöhe die Kraft und den Energiefluss von meinem Kronen-Chakra zum Stirn-Chakra.

Neutralisiere Traumata im Kronen-Chakra.

Setze die Kraft meines Kronen-Chakras frei zur Stärkung meiner Verbindung mit dem Kosmos.

Setze die Kraft meines Kronen-Chakras so kraftvoll frei, dass ich eins werde mit dem Geist.

Sende lila Licht an das Kronen-Chakra.

Stärke den Energiefluss in mein Kronen-Chakra.

Wandle die Energie des Kronen-Chakras in kosmisches Bewusstsein und Verbindung.

Übertrage die Kraft des Kronen-Chakras, um meine Verbindung zum Göttlichen zu energetisieren.

<u>Planetarische Chakren</u>

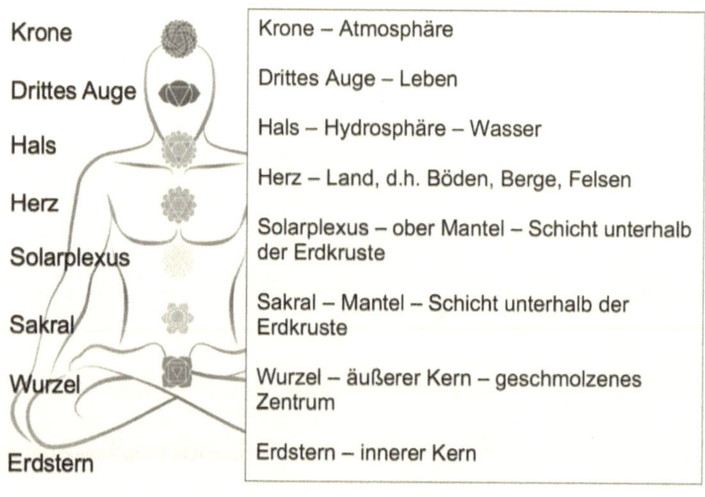


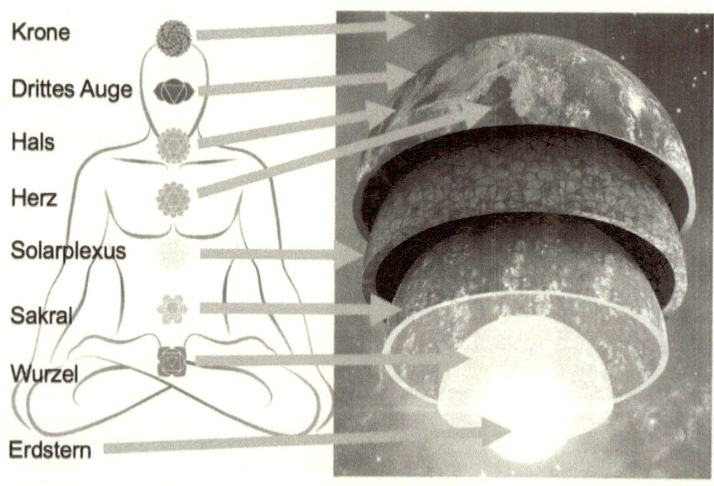

Füge das Chakra der Erde ein, an dem du arbeiten möchtest.

Aktiviere das ______ Chakra.

Richte die Erd-Chakren aus.

Erwecke das ______ Chakra zu seinem vollen Ausdruck.

Balanciere die Erdchakren aus.

Kläre die Erdchakren.

Löse alle Blockaden im ______ Chakra der Erde auf.

Energetisiere das ______ Chakra der Erde.

Harmonisiere die Erdchakren.

Ich bezeuge das richtige Funktionieren des ______ Chakras der Erde.

Erhöhe die Vitalität des ______ Chakras der Erde.

Neutralisiere Traumata im ______ Chakra der Erde.

Sende ______ Licht an das ______ Chakra der Erde.

Stärke das ______ Chakra der Erde.

Stärke den Energiefluss in das ______ Chakra der Erde.

## Heilung der globalen Erwärmung: Kronen-Chakra

Erwecke das Kronen-Chakra der Kohlenstoffverschmutzer, damit sie ihre Verbindung zum Göttlichen voll würdigen.

Löse alle Blockaden im Kronen-Chakra der Erde auf.

Ermächtige das Kronen-Chakra, um die göttliche Verbindung der Menschen mit dem Göttlichen zu stärken.

Energetisiere das Kronen-Chakra der Erde, um unwissende Menschen zu erleuchten.

Energetisiere das Kronen-Chakra der Erde, um die Verbindung von Kohlenstoff-Verschmutzern zum Göttlichen zu verbessern.

Ich bezeuge das richtige Funktionieren des Kronen-Chakras der Erde.

Erhöhe den Energiefluss des Kronen-Chakras der Erde zu den Kohlenstoff-Verschmutzern der Erde.

Erhöhe die Kraft und den Energiefluss vom Kronen-Chakra zu den unteren Chakren der Erde.

Neutralisiere Traumata im Kronen-Chakra der Erde.

Setze die Kraft des Kronen-Chakras der Erde frei, um das menschliche Bewusstsein in Bezug auf die globale Erwärmung kraftvoll zu transformieren.

Setze die Kraft des Kronen-Chakras der Erde frei, um das Bewusstsein der Menschlichkeit zu stärken.

Sende lila Licht an das Kronen-Chakra der Erde.

Stärke den Energiefluss in das Kronen-Chakra der Erde.

Wandle die Energie des Kronen-Chakras in eine gesunde Atmosphäre.

Übertrage die Kraft des Kronen-Chakras, um die Atmosphäre zu energetisieren.

<u>Heilung der globalen Erwärmung: Herz</u>

Erwecke das Herz-Chakra der Erde für den vollen emotionalen Ausdruck des Planeten.

Löse alle Blockaden im Herz-Chakra der Menschen, die für die Zerstörung der Erde verantwortlich sind.

Ermächtige des Herz-Chakra der Erde, um die Liebe zur Natur bei den Menschen zu erhöhen.

Energetisiere das Herz-Chakra der Erde zu strahlender Liebe.

Energetisiere das Herz-Chakra der Menschen, die das Land zerstören, um ihre Liebe zur Erde zu steigern.

Ich bezeuge das richtige Funktionieren des Herz-Chakras der Erde.

Erhöhe den Energiefluss des Herz-Chakras der Erde zu den Menschen, die die Erde nicht lieben.

Erhöhe die Kraft und den Energiefluss vom Solarplexus-Chakra zum Herz-Chakra der Erde.

Neutralisiere Traumata im Herz-Chakra der Erde.

Setze die Kraft des Herz-Chakras der Erde frei, um Liebe und Respekt für unseren Planeten zu steigern.

Setze die Kraft des Herz-Chakras der Erde frei, um das Bewusstsein und die emotionale Erfahrung der Menschheit kraftvoll anzuheben.

Sende grünes Licht an das Herz-Chakra der Erde.

Stärke den Energiefluss in das Herz-Chakra der Erde.

Wandle die Energie des Herz-Chakras der Erde in ein gesteigertes Bewusstsein für alle Erdbewohner.

Übertrage die Kraft des Herz-Chakras, um die emotionale Vitalität des Landes zu energetisieren.

Heilung der Wasserverschmutzung: Kehl- / Hals-Chakra

Erwecke das Hals-Chakra der Erde für den vollen Ausdruck des Lebens, das vom Wasser abhängt.

Löse alle Blockaden im Kehl-Chakra der Erde auf.

Ermächtige das Kehl-Chakra, um die Fähigkeit des Lebens zu erhöhen, sich selbst zum Ausdruck zu bringen.

Energetisiere mein Kehl-Chakra, um meine Fähigkeit zu verbessern, die Gewässer der Erde zu schützen.

Energetisiere das Kehl-Chakra der Erde, um die Gewässer zu heilen.

Ich bezeuge das richtige Funktionieren des Kehl-Chakras der Erde.

Erhöhe den Energiefluss des Kehl-Chakras der Erde zu den Umweltvertretern.

Erhöhe die Kraft und den Energiefluss vom Hals-Chakra der Erde zum Wasser.

Neutralisiere Traumata im Kehl-Chakra der Erde.

Setze die Kraft meines Kehl-Chakras frei, um meine Fähigkeit zu verbessern, die Haltung anderer zum Problem der Wasserverschmutzung zu ändern.

Setze die Kraft des Kehl-Chakras der Erde frei, um die Wiederherstellung der Wasserqualität wirksam zu beeinflussen.

Sende blaues Licht an das Kehl-Chakra der Erde.

Stärke den Energiefluss in das Kehl-Chakra der Erde.

Wandle die Energie des Kronen-Chakras der Erde in Energie des Kehl-Chakras.

Übertrage die Kraft des Herz-Chakras und des Kronen-Chakras, um das Kehl-Chakra der Erde zu energetisieren.

<u>Heilung des Verlusts an biologischer Vielfalt: Drittes Auge / Stirn-Chakra</u>

Erwecke das Stirn-Chakra jener Menschen, die die biologische Vielfalt zerstören, damit sie die Auswirkungen ihres Handelns sehen.

Löse alle Blockaden im Stirn-Chakra der Menschen auf, die die biologische Vielfalt zerstören.

Ermächtige das Stirn-Chakra, um die Vitalität des verbleibenden Lebens auf der Erde zu erhöhen.

Energetisiere das Stirn-Chakra der Erde, um die Heilung des Lebens auf der Erde zu verbessern.

Energetisiere das Stirn-Chakra der Erde, um das Aussterben und den Verlust an biologischer Vielfalt zu stoppen.

Ich bezeuge das richtige Funktionieren des Stirn-Chakras der Erde.

Steigere den Energiefluss vom Stirn-Chakra zu den Tieren und Pflanzen in der Natur.

Erhöhe die Kraft und den Energiefluss vom Kronen-Chakra der Erde zum Stirn-Chakra der Erde.

Neutralisiere Traumata im Stirn-Chakra der Erde.

Setze die Kraft des Stirn-Chakras der Erde frei, um den Erhalt der biologischen Vielfalt zu steigern.

Setze die Kraft des Stirn-Chakras der Erde frei, um die biologische Vielfalt in geschädigten Gebieten wieder herzustellen.

Sende blaues Licht an das Stirn-Chakra der Erde.

Stärke den Energiefluss in das Stirn-Chakra der Erde.

Wandle die Energie des Stirn-Chakras der Erde in Leben.

Übertrage die Kraft des Stirn-Chakras der Erde, um das Dritte Auge von Menschen zu aktivieren, die die biologische Vielfalt zerstören.

<u>Regenbogenkörper und Kundalini</u>

Stelle meinen Körper auf den neuen Fluss der Kundalinienergie ein.

Kläre meinen Sushumna-Kanal.

Verringere mein Gefühl, nicht ausreichend geerdet zu sein.

Erweitere mein energetisches Bewusstsein.

Erde mich.

Erde die Person zu 100%.

Harmonisiere die Energie von Ida, Pingala und der Sushumna-Energieleitbahn.

Harmonisiere den Energiefluss der Kundalini mit meinem Körper.

Ich bezeuge die Entwicklung meines Regenbogenkörpers.

Steigere die wohltuenden Aspekte der Kundalini.

Neutralisiere alle schädlichen Nebenwirkungen der Kundalini.

Optimiere den Energiefluss der Kundalini.

Erhöhe die Vitalität von Ida, Pingala und den Sushumna-Energieleitbahnen.

Lass die Energien von Ida, Pingala und den Sushumna-Energieleitbahnen synergetisch sein.

Wandle das Erwachen der Kundalini in eine aufgeladene Erweiterung der Lebensrealität und des inneren Friedens.

# DNA-Aktivierung

DNA-Heilung kann sowohl für die physische DNA als auch für die spirituelle DNA durchgeführt werden.

Ich glaube, dass jedes Chakra energetisch einen Strang der 12-Strang-DNA antreibt. Wenn also die 12-Strang-DNA aktiviert werden soll, muss man diese DNA-Chakren heilen. Das Ergebnis ist die Entwicklung des Regenbogenkörpers, in dem alle Chakren sowohl für den physischen Körper als auch für die DNA aktiv sind. Siehe "Chakren" für die 12 Chakren, die geheilt werden müssen.

Heilung der physikalischen DNA, z. B. genetische Defekte wie das Down-Syndrom sollten mit der Heilung von Gesundheitsproblemen kombiniert werden. Eventuell ist man nicht in der Lage, die DNA physikalisch zu ändern, jedoch kann man möglicherweise dazu beitragen, schädliche Aspekte der genetischen Störung zu mindern, z. B. mithilfe der Heilung von Emotionen oder durch Unterstützung der Effektivität von Arztbesuchen usw. Da es eine große Anzahl genetischer Störungen gibt, kann ich hier nicht auf Details eingehen. Ich empfehle, sich unten relevante Befehle auszuwählen, zum Abschnitt "Gesundheit" zu gehen und dort Befehle abzurufen und dann eigene Befehle basierend auf der Situation zu erstellen.

Man kann auch versuchen, mit Heilpendeln den Ausdruck der DNA epigenetisch zu beeinflussen, wobei sich die DNA nicht ändert, sondern nur anders ausdrückt. Epigenetische Veränderungen sind mächtig und es gibt Hinweise darauf, dass die Epigenetik einen tiefgreifenden Einfluss auf die Gesundheit haben kann.

*Von Erich Hunter Ph.D.*

## Befehle

Aktiviere mein __________ spirituelles Chakra / meinen DNA-Strang.

Ändere die Energie meiner DNA in Blaugrün.

Ändere die Energie meiner RNA und Ribosomen in Blaugrün.

Reinige meine DNA von schädlichen Erinnerungen meiner Abstammungslinie durch alle Generationen zu jeder Zeit.

Aktiviere meine 12-Strang-DNA.

Aktiviere meine DNA.

Aktiviere meine DNA voll und ganz.

Harmonisiere mein spirituelles __________ Chakra und meinen DNA-Strang.

Harmonisiere die Kommunikation zwischen DNA und RNA.

Ich ändere die Energie meiner DNA in Blaugrün.

Ich erhöhe die Vitalität der DNA auf das höchstmögliche Niveau.

Ich bezeuge das richtige Funktionieren all meiner spirituellen DNA-Chakren.

Ich bezeuge das richtige Funktionieren der DNA, RNA und der Ribosomen.

Ich bezeuge die Entwicklung meines Regenbogenkörpers.

Ich bezeuge vollständige Heilung von jeglichen Schäden durch die Sonne.

Ich bezeuge vollständige Heilung meiner DNA.

Erhöhe die Vitalität meiner DNA auf das höchstmögliche Niveau.

Maximiere die Fähigkeit dieses Sonnenschutzmittels, ultraviolettes Licht zu blockieren, und harmonisiere dieses Sonnenschutzmittel mit meinem Körper, um toxische Effekte zu neutralisieren.

Neutralisiere alle schädlichen DNA-Methylierungen.

Neutralisiere alle Traumata von übermaßiger Bestrahlung durch die Sonne.

Neutralisiere alle Traumata meiner DNA durch Sonnenbestrahlung.

Neutralisiere schädliche epigenetische Speicherungen in meiner DNA.

Reinige mein spirituelles __________ Chakra / meinen DNA-Strang.

Stelle einen gesunden Zustand meiner DNA wieder her.

Stärke mein spirituelles __________ Chakra/ meinen DNA-Strang.

# Emotionen

Menschen und viele Tiere haben Gefühle. Pendelheilung ist äußerst effektiv, um Menschen und Tieren wie Pferden und Hunden dabei zu helfen, ihren emotionalen Zustand zu verbessern und traumatische / pathologische Emotionen zu heilen. Benutze dein Pendel, um mithilfe dieser Befehle emotionale Gesundheit und Wohlbefinden anzuregen.

## Befehle

(Name der Person) setzt jetzt und für alle Zeiten in der Vergangenheit (schädliche Emotionen) frei.

Lass den Stress durch mich hindurch.

Bringe mir Frieden.

Verwandle mich in eine Person, die ihre Gefühle zum Ausdruck bringen und ihrer Stimme Gehör verschaffen kann.

Wandle mich in jemanden, der Spannung durch sich hindurch lassen kann.

De-eskaliere die Angst / das Unbehagen, das ich vor dem Ausdruck von Gefühlen habe.

Verringere die Empfindung / das Gefühl der Bedrohung.

Verringere die Empfindlichkeit der Amygdala. (Jener Teil des Gehirns, der für die Erkennung von Angst und die Vorbereitung auf Notfälle zuständig ist.)

Verringere die Intensität der Scham in meinem emotionalen, physischen und mentalen Körper.

Gib mir den Mut, mir selbst treu zu bleiben, auch wenn ich nicht in meiner Komfortzone bin.

Harmonisiere meine Beziehungen mit der Menschheit.

Harmonisiere meine Beziehungen mit meinen Eltern.

Hilf mir, so wie ich bin verstanden und akzeptiert zu werden.

Hilf mir zu fühlen, was ich fühlen muss, und zu sehen, was ich sehen muss, um zu wissen, dass ich geliebt bin.

Hilf mir, das Gute in jeder Situation zu sehen.

Höheres Selbst, erfülle mich mit Selbstliebe.

Ich akzeptiere, dass ich ein emotionales Wesen bin.

Ich bin aktiv, um mich selbst zu beruhigen und zu trösten.

Ich bin mir des Selbstmitgefühls bewusst und verkörpere es, wenn mein Ehepartner mich kritisiert / mit mir streitet usw.

Ich bin mir des Selbstmitgefühls bewusst und verkörpere es, wenn andere mich kritisieren.

Ich bin mir meiner Selbstfreundlichkeit bewusst und verkörpere sie, wenn ich mit einem Problem konfrontiert werde.

Ich bin mir meiner selbst bewusst, wenn ich Schmerzen habe und behandle mich selbst mit Mitgefühl.

*Von Erich Hunter Ph.D.*

Ich bin mir meiner selbst bewusst, wenn ich leide und gehe mitfühlend mit mir um.

Ich bin zuversichtlich.

Ich bin liebenswert, selbst wenn ich einen Fehler begehe.

Ich bin liebenswert, ich liebe.

Ich bin kein Opfer.

Ich bin nicht verantwortlich dafür, anderen zu helfen gute Entscheidungen zu treffen.

Ich bin wertvoll und verdiene Freizeit, um mich zu nähren.

Ich bin wertvoll und muss das niemandem beweisen.

Ich sorge für mich selbst, wie ich es für einen guten Freund tun würde.

Ich kommuniziere meine Bedürfnisse.

Ich möchte mein eigenes Leiden lindern.

Ich möchte mich bestens fühlen und gut aussehen.

Ich akzeptiere die Realität.

Ich fühle mich anderen verbunden.

Ich fühle meine Gefühle.

Ich vergebe, und damit ich frei bin, segne ich (Person, die du nicht magst).

Ich übergebe dir diese Schamgefühle und bitte um Heilung.

Steigere meine Fähigkeit, meine Emotionen zu fühlen.

Steigere meine Fähigkeit, den Moment zu genießen.

Erhöhe mein Bewusstsein für das Glück in diesem Augenblick.

Erhöhe mein Bewusstsein für meinen emotionalen Zustand ohne zu urteilen.

Erhöhe mein Bewusstsein meiner positiven Aspekte auf das höchste Niveau.

Steigere meinen Mut auf das höchstmögliche Niveau.

Steigere meine emotionale Intelligenz auf den höchsten Grad.

Steigere meine Erfahrung der Freude.

Steigere mein Glücklichsein auf den höchsten Grad.

Steigere meine innere Behaglichkeit auf das höchstmögliche Niveau.

Steigere mein Selbstvertrauen auf das höchste Niveau.

Steigere meine Leidenschaft für das Leben.

Erhöhe das Bewusstsein für die Situation zwischen ___ und ___.

Erhöhe die Freude an hohem Bewusstsein / positiven Emotionen.

Steigere die Häufigkeit im Erleben positiver Emotionen für mich.

Erhöhe das Niveau / die Menge der lustvollen / erhebenden Gefühle.

Erhöhe die Vitalität meines Nervensystems auf das höchste Niveau.

Maximiere meine Fähigkeit, das loszulassen, was nicht mehr gebraucht wird.

(Name der Person) erlebt (heilende Emotionen) jetzt und für alle Zeiten in der Vergangenheit.

Neutralisiere alle Blockaden, die ich vor der Erhöhung meiner Grundlinie des Glücks habe.

Neutralisiere jegliche Blockaden oder Hemmungen vor meinem Glück.

Neutralisiere alle Energien der Angst oder der Sorge.

Neutralisiere alle schädlichen Emotionen, die mir nicht dienen.

Neutralisiere alle negativen Emotionen um mich herum.

Neutralisiere das Schamgefühl und wandle es um in Selbstliebe.

Neutralisiere das Hoch niedrigen Bewusstseins / negativer Emotionen.

Annulliere Emotionen, die ich aufgegriffen habe, die jedoch nicht meine sind.

Steigere meinen Mut auf das höchstmögliche Maß.

Reduziere meinen Stress / meine Angst auf das niedrigstmögliche Niveau.

Entferne alle Blockaden, die ich vor dem Selbstausdruck aus dieser oder auch einer anderen Lebenszeit habe.

Entferne alle Blockaden, die ich vor der Selbstliebe habe.

Entferne alle Blockaden, die ich davor habe die notwendigen Schritte zu unternehmen, um meine Grundlinie des Glücks erhöhen.

Entferne die Blockaden, die ich davor habe, mit der Existenz in Frieden zu gelangen.

Sende die höchsten Frequenzen und Potenzen der Liebe an alle Menschen _______.

Nimm alles weg, was nicht Selbstliebe ist. Ersetze es durch kraftvolle Selbstliebe.

Wandle die Energie des Selbsthasses in die Energie der Selbstliebe um.

Wandle die Energie der Scham in die Energie der Selbstliebe um.

# Essen und Trinken

Mit dem Pendel kann man dem Essen und Trinken einen Energieschub geben. Viele Menschen beten / meditieren vor dem Essen / Trinken und segnen ihre Nahrung. Pendelheilung der Nahrung bringt dies auf eine andere Ebene. Benutze einen beliebigen Segen, den du derzeit verwendest, und füge das Pendel hinzu oder benutze die folgenden Befehle. Bitte beachte, dass auch mit dem Pendel ungesunde Lebensmittel / Getränke nicht verträglicher werden. Bei der Auswahl von Lebensmitteln / Getränken ist große Sorgfalt geboten.

## Befehle

Ändere die Energie meines Wassers in Blaugrün.

Desensibilisiere mich hinsichtlich der Histamine in der Nahrung.

Verbessere meine Auswahl an Nahrungsmitteln.

Lösche alle schädlichen, im Wasser gespeicherten Erinnerungen.

Harmonisiere die Nahrung / das Getränk mit meinem Körper.

Steigere meine Fähigkeit, Nährstoffe aus der Nahrung aufzunehmen.

Steigere die Fähigkeit meines Körpers, die Nahrung zu verdauen.

Steigere die Fähigkeit meines Magens, die Nahrung zu verdauen.

Steigere die Vitalität der probiotischen Organismen in meinen Därmen.

Neutralisiere alle schädlichen Substanzen in der Nahrung.

Neutralisiere alle Traumata aus der Verarbeitung der Nahrung.

Neutralisiere Blockaden, aus der Nahrung das Bestmögliche herauszuholen.

Erhöhe mein Bewusstsein der Wahl von Lebensmitteln auf das höchstmögliche Niveau.

Reduziere mein Verlangen nach Koffein / Alkohol.

Reduziere mein Verlangen, nachts zu essen.

Entferne die Erinnerung an das Vergnügen beim Essen von ________.

Revitalisiere mein Verdauungssystem.

Sende graue Energie an mein Verlangen nach zuckerhaltigen Getränken.

Sende graue Energie an mein Verlangen, Junk Food zu essen.

Sende Liebe an die Nahrung / das Wasser.

Wandle jegliches Leiden der Tiere / Pflanzen in heilende Energie um.

Verwandle mich in eine Person, die achtsam isst.

Verwandle mich in jemanden, der gesundes Essen möchte.

Zappe den Heißhunger auf Zucker weg.

# Ferien

Die Ferien können für viele Menschen eine extrem stressige Zeit sein. Nutze diese Befehle, um den Spaß zu erhöhen und den Stress zu verringern. Es ist auch eine großartige Zeit, um Probleme mit den Akasha-Aufzeichnungen zu heilen, da zwischenmenschliche Konflikte die Hauptsache sind, die über Lebenszeiten hinweg geheilt werden müssen, um dem Kreislauf des Karma zu entkommen. Nutze die Ferien, um Liebe zu verbreiten, Spaß zu haben und karmische Beziehungen zu heilen.

## Befehle

Ich bitte darum, dass alle Anwesenden in Sicherheit sind und den Abend mit allem genießen.

Ich bezeuge, dass meine Familienmitglieder während der ______ Ferien harmonisch und höchst vergnügt sind.

Neutralisiere die Angst meiner Hunde vor Feuerwerk.

Schärfe das Bewusstsein für die Grundursache des stockenden Verkehrs.

Erhöhe das Bewusstsein aller bei der Parade / dem Feuerwerk.

Sende blaugrüne Energie an den Verkehrsstau.

Sende beruhigende Energie an meine Haustiere.

Reduziere das Ausmaß von Konflikten und steigere das Maß an Freude und Harmonie in den Ferien.

Harmonisiere die Beziehungen unter meinen Familienmitgliedern.

Ich bezeuge, dass jeder mit den anderen gut auskommt und während der Ferien eine großartige Zeit hat.

Steigere das Maß an Liebe und Genuss in den Ferien.

Neutralisiere Stress.

Erhöhe das Bewusstsein von (allen, die mit Reisen befasst sind, z. B. Flugzeugpiloten, usw.).

Sende meiner Familie blaugrüne Energie, damit sie alle Anschlussverbindungen auf der Reise pünktlich erreicht.

Sende blaugrüne Energie an alle Verkehrsstaus.

Sende Liebe.

# Geld

In der modernen Welt, insbesondere in den Vereinigten Staaten, ist Geld und dessen Erwerb oder dessen Fehlen ein Hauptanliegen eines Großteils der erwachsenen Bevölkerung. Zum Guten oder Schlechten müssen wir viel Zeit und Mühe aufwenden, um mit Geld und seinen Auswirkungen auf unser Leben umzugehen. Dieser Abschnitt ist in Kategorien unterteilt, die sich auf Geld beziehen. Lies den ganzen Abschnitt durch, wenn du an der Heilung deiner Beziehung zum Geld arbeitest.

## Befehle

### Allgemein (Geld)

_______ bringt das Geld, die Motivation und die Mittel ein, um (was du tun möchtest).

Ändere die Energie meines Empfangs finanzieller Fülle in Blaugrün.

Harmonisiere meine Beziehung zum Geld.

Harmonisiere die Beziehung zwischen mir und finanziellem Wohlstand.

Ich lasse ständig finanzielle Fülle in mein Leben.

Ich bin finanziell erfolgreich.

Ich gehe gut mit Geld um.

Ich bin jemand, der mit Gnade leicht und auf perfekte Weise viel Geld empfängt.

Ich bin jemand, der leicht eine Menge Geld empfängt.

Ich kann Geld haben, das mir gehört.

Ich kann Geld haben.

Ich kann Geld behalten, ohne es auszugeben.

Ich kann Geld empfangen.

Ich kann mir ein luxuriöses Lebens gönnen, weil ich mehr als genug Geld habe.

Ich verstehe meine Finanzen.

Ich verdiene finanziellen Erfolg.

Ich verdiene viel Geld.

Ich verdiene leicht eine Menge Geld.

Ich neutralisiere alle einschränkenden Überzeugungen, die ich in Bezug auf Wohlstand habe.

Ich empfange mühelos und leicht Geld.

Ich bezeuge, dass ich einen für mich funktionierenden Ausgabenplan aufstelle.

Ich bezeuge, dass ich eine große Summe Geldes auf meinem Bankkonto und / oder in meinem Portfolio habe.

Ich bezeuge, in finanzieller Fülle zu sein.

Steigere meine Fähigkeit, finanzielle Fülle zu empfangen, auf das höchste Maß.

Erhöhe mein Bewusstsein für Menschen und Mittel, die mir helfen können, meine Finanzen zu verstehen.

Erhöhe mein Bewusstsein dafür, wie finanzieller Erfolg aussieht.

Erhöhe meine Klarheit in Bezug auf meine Finanzen.

Erhöhe mein Bewusstsein für meine Finanzen auf das höchstmogliche Niveau.

Erhöhe meinen Wunsch, so viel Geld zu verdienen, dass Schulden kein Problem darstellen.

Erhöhe meine Bereitschaft, die Fähigkeit zu empfangen zu heilen.

Steigere den Geldfluss in mein Leben.

Maximiere meine Fähigkeit, einen Fonds für schlechte Zeiten zu erschaffen, der meinen Bedarf für drei Monate deckt.

Geld kommt einfach, in großen Mengen und auf verschiedene Arten zu mir.

Neutralisiere Programmierungen und Begrenzungen ums Geld.

Neutralisiere aus Mangel an Geld entstandene Traumata.

Entferne alle Blockaden, die ich davor habe, eine leistungsfähige Definition finanziellen Erfolgs hervorzubringen.

Entferne all meine Blockaden, Bargeld zur Hand zu haben.

Entferne all meine Blockaden, Geld zu behalten.

Entferne all meine Blockaden, meine Finanzen anzusehen.

Entferne all meine Blockaden, Geld zu lieben.

Entferne all meine Blockaden, Reichtum und finanzielle Fülle zu empfangen.

Sende blaugrüne Energie an meine Finanzen / mein Bankkonto / Depot usw.

Sende blaugrüne Energie, um synchron die perfekten Leute zu treffen, die mir helfen, meine Finanzen zu verstehen und zu verwalten.

Verwandle mich in jemanden, der leicht eine Menge Geld machen kann.

Wandle meine Beziehung zu Geld in Liebe.

<u>Bankkonto</u>

Sende blaugrüne Energie an mein Bankkonto.

Erhöhe das Bewusstsein meiner Bank / der Bankangestellten / des Bankkontos auf das höchste Niveau.

Erschaffe einen Schutzwall um mein Bankkonto.

Mache mein Konto für Hacker unsichtbar.

Harmonisiere die Beziehung meines Bankkontos mit Geld.

Erhöhe die Größe meiner Ersparnisse.

Reduziere monatliche Gebühren oder mache sie rückgängig.

Erhöhe mein Bewusstsein, damit ich die perfekte Bank finde.

Erhöhe die Anzahl der Synchronizitäten, die dazu führen, die perfekte Bank zu finden.

Finanztransaktionen

Harmonisiere die Partner in dieser Transaktion.

Ich bin während dieser Finanztransaktion geschützt. Was mir gehört, kann nicht verloren gehen.

Ich bezeuge, dass diese Finanztransaktion perfekt klappt.

Neutralisiere Blockaden, damit alles reibungslos klappt.

Sende blaugrüne Energie an diese Transaktion.

Sende Liebe an alle Beteiligten.

Sende Wintergrau an diese Transaktion (Hinweis: Dies wird Mängel und Schwächen aufdecken).

Diese Transaktion läuft reibungslos ab und wird für alle Beteiligten zu einer Win-Win-Situation.

Freude und Geld

Wirke der Angst vor Mangel mit dem Gefühl genug zu haben entgegen.

Gib dem keine Bedeutung mehr, mit den Nachbarn mithalten zu müssen.

Harmonisiere meine Beziehungen zum Geld.

Hilf mein Bewusstsein zu schärfen, um den Wert von Zeit gegenüber Geld zu erkennen.

Ich bin wertvoll und verdiene Freizeit, um mich zu nähren.

Ich halte Zeit und Geld in meiner Freizeit auseinander.

Ich gebe gerne Geld an andere weiter, denen ich helfen möchte, da ich weiß, dass meine Bedürfnisse immer im Überfluss erfüllt werden.

Erhöhe meine Fähigkeit, die Freizeit zu genießen.

Erhöhe meine Fähigkeit, mich in meiner Freizeit zu entspannen, an Erlebnissen zu erfreuen und mit anderen zu treffen.

Erhöhe mein Gefühl der Freude am Geld.

Erhöhe den Spaßfaktor beim Geldmachen für mich.

Erhöhe meine Spendenbereitschaft.

Maximiere meine Fähigkeit, Erlebnisse über Besitztümer zu stellen.

Meine Bedürfnisse werden derzeit erfüllt.

Neutralisiere all meine Blockaden oder Hemmungen, mir Zeit für mein Glück zu nehmen.

Neutralisiere alle negativen Emotionen hinsichtlich der Aussage "Ich liebe Geld und das Geld liebt mich."

Neutralisiere meine Sucht, kurzzeitiges Glück zu kaufen.

Schärfe mein Bewusstsein für Ausgabenmuster, die mich unglücklich machen.

Konzentriere mich wieder auf das, was in meinem Leben gut läuft.

Entferne all meine Blockaden, das Geld zu lieben.

Entferne all meine Blockaden, meine Freizeit so nutzen, dass ich glücklich bin.

Entferne all meine Blockaden, mein Geld so auszugeben, dass ich glücklich damit bin.

Entferne meine Ängste, nicht genug Geld zu haben.

Erhöhe den Wert, den ich auf Erlebnisse und die Beziehung zu anderen lege, über den Wunsch, noch mehr Geld zu verdienen.

Wandle meinen Fokus ab von dem, was andere tun, hin zu dem, was mir wirklich Freude bringt.

<u>Geld eintreiben</u>

(Name der Person) bezahle mich jetzt. Senden / zahlen Sie mir nun das Geld, das Sie mir für ___________ schulden, wenn es zum höchsten Wohl aller Betroffenen ist.

(Name der Person) gib den Scheck an mich jetzt bei der Post auf. Bezahle mich jetzt, wenn es zum höchsten Wohl aller Betroffenen ist.

Sende blaugrüne Energie, um bezahlt zu werden.

Sende Wintergrau an jeden Widerstand gegen das Zahlen.

Magnetisiere mich, um das mir geschuldete Geld anzuziehen.

Energetisiere die Rückzahlung der Schulden.

## Geschäftsgeld

Harmonisiere meine Geschäftsbeziehung zu den zahlenden Kunden.

Steigere die Fähigkeit aller in meinem Unternehmen, Geld zu empfangen, auf das höchste Niveau.

Erhöhe das Bewusstsein meines (Verkaufsteams / Buchhalters / Gehaltsabteilung / usw.) auf das höchste Niveau.

Sende Blaugrün an einen gesunden Geldfluss.

Diese Werbung erreicht genau die richtigen Leute, die die Motivation und die Mittel haben, meine Produkte und Dienstleistungen zu meinem höchsten Wohl und zum höchsten Wohl aller Beteiligten zu kaufen.

Möge jeder, der von meinen Produkten und Dienstleistungen profitieren kann, mich finden und die Finanzen und die Motivation haben, meine Produkte und Dienstleistungen zu unserem höchsten Wohl und zum höchsten Wohl aller Beteiligten zu kaufen.

Gott, hilf meinem Werbeteam bei der Erstellung der perfekten Anzeigen zur Steigerung meines Geschäfts.

Ich bin bei dieser finanziellen Transaktion geschützt.

## Schnelles Geld

Richte mich auf die heutigen Gelegenheiten Geld zu machen aus.

Harmonisiere mich mit dem Geld.

Ich bezeuge, dass ich heute ein Geldwunder erlebe und eine Fülle an Einkommen manifestiere.

Intensiviere meine Aura, damit ich zu einem Geldmagneten werde.

Ziehe jetzt eine Menge Geldes magnetisch an.

Multipliziere meine Fähigkeit, heute viel Geld zu empfangen.

Annulliere jetzt all meine karmischen Blockaden, Geld zu erhalten.

Hebe mein Bewusstsein auf die höchste Stufe, damit ich herausfinde, wie ich mehr Geld bekomme.

Sende blaugrüne Energie, damit ich eine Menge Geld erhalte.

Sende Wintergrau an alles was den Geldfluss blockiert.

<u>Schuldenabbau</u>

Reduziere meinen Wunsch nach emotionalen Ausgaben.

Reduziere meinen Wunsch, über meine Verhältnisse zu leben.

Ermächtige mich, die Konditionen meiner Schulden neu auszuhandeln.

Energetisiere meine Schuldentilgung.

Wende die Polarität der Schuldenenergie in die Energie des Reichtums um.

Ich kann schuldenfrei sein.

Ich kann weise mit Geld umgehen.

Ich konzentriere mich eher auf die Lösungen und Möglichkeiten als auf die Schulden.

Ich bezeuge, dass ich schuldenfrei bin.

Erhöhe meine Fähigkeit, alles zu tun, um meine finanzielle Situation zu ändern.

Erhöhe meine Fähigkeit, meine Schulden klar zu sehen, damit ich Schritte zu ihrer Beseitigung unternehmen kann.

Erhöhe mein Bewusstsein für meine Ausgaben und Schulden.

Erhöhe meinen Wunsch, so viel Geld zu verdienen, dass Schulden kein Problem darstellen.

Erhöhe meine Willenskraft auf das höchstmögliche Maß, um meine Schulden zu begleichen.

Neutralisiere Blockaden, meine Schulden zu tilgen.

Neutralisiere meine Sucht, kurzfristiges Glück zu kaufen.

Erhöhe mein Bewusstsein, um den besten Weg zu finden, meine Schulden zurückzuzahlen.

Entferne alle Blockaden, die ich vor der Erstellung und Befolgung eines Ausgabenplans habe.

Entferne meinen Wunsch, Finanzen als emotionales Problem zu behandeln.

Sende Blaugrün, um schuldenfrei zu sein.

Sende Wintergrau an alle Begrenzungen und Vorurteile darüber, was es braucht, meine finanzielle Situation zu ändern.

Sende Wintergrau an meine energetische Prägung auf Schulden.

<u>Steuern</u>

Energetisiere die Geschwindigkeit, mit der ich eine Steuer-rückerstattung erhalte.

Harmonisiere meine Beziehungen zum Finanzamt.

Mache meine Steuern für Steuerprüfer unsichtbar (Achtung: Hier wird davon ausgegangen, dass du ehrlich bist).

Mache meine Steuern für Steuereintreiber sichtbar, damit meine Steuerzahlungen ordnungsgemäß erfasst werden.

Schütze meine Steuerunterlagen vor unnötiger Prüfung durch Steuerbeamte.

Erhöhe das Bewusstsein meines Buchhalters / Steuerberaters auf das höchste Niveau.

# Geopathischer Stress

Schädliche Erdenergien an Orten, an denen Menschen leben, werden als potenzielle Quelle von Gesundheitsproblemen angesehen. In einigen Fällen kann man die Energie mithilfe von Pendelbefehlen ziemlich einfach ändern und das Problem lösen. In anderen Fallen, z. B. bei EMF, Umweltgiften wie Radon, Schimmel, Allergenen usw., muss man Handlungen in der realen Welt mit der Pendelheilung kombinieren, um eine Wirkung zu erzielen. Gleichfalls lösen viele Dinge wie EMF-reduzierende Geräte, Kupfereinsätze im Boden, Schungitkristalle usw. das Problem, das sie beheben sollen, nicht. Daher sind Aufklärung, Untersuchungen, Experimente und kritisches Denken erforderlich, um geopathischen Stress und damit verbundene Probleme zu lösen.

Die folgenden Befehle können alle helfen. Stelle sicher, dass alle möglichen Quellen für Toxine, Schimmelpilze, Allergene usw. untersucht werden und nach Möglichkeiten zur Behebung des Problems gesucht wird und / oder man zieht an einen anderen Ort.

Bitte beachte, dass EMF nicht neutralisiert / abgeschirmt werden können, es sei denn, man begibt sich in ein Gehäuse, das elektromagnetische Felder blockiert (beachte, dass in einem solchen Gehäuse keine WIFI- und Handysignale empfangen werden können), oder man muss in einer abgelegenen Gegend ohne EMF leben. Das bedeutet, dass die einzige Lösung darin besteht, an einem Ort ohne EMF-Belastung zu leben. Alle anderen Lösungen sind Spielerei, z. B. Kristalle, Geräte, die man auf das Telefon klebt, Formsymbole usw. All das funktioniert überhaupt nicht. Das lässt sich ganz einfach mit einem EMF-Messgerät überprüfen.

*Von Erich Hunter Ph.D.*

Grundsätzlich gilt: Wenn sich in der Umgebung Strom befindet, ist man EMF ausgesetzt, und nichts kann das aufhalten, außer man verlässt diese Umgebung oder begibt sich in einen gegen Elektrik abgeschirmten Behälter wie einen Faradayschen Käfig. Alle Pendelbefehle können daher nur schädliche Einflüsse reduzieren. Man kann EMF nicht mit dem Pendel stoppen und wenn es EMF-Probleme gibt besteht die einzige Lösung darin, an einen Ort ohne EMF zu ziehen!

Des weiteren ist anzumerken, dass die Heilung von geopathischem Stress ein Haus lebenswerter machen kann. Es kann auch dazu beitragen, dass ein Haus verkauft werden kann. Kombiniere diese Arbeit mit der Heilung von Entitäten und Naturgeistern. Spukhäuser korrelieren mit geopathischem Stress. Wenn die lokale Umgebung beim Hausbau zerstört wurde, sind die Naturgeister verärgert, so dass Heilung von Vorteil ist.

Schließlich passt die geopathische Stressheilung sehr gut zu Feng Shui und kann entweder damit zusammen oder als Ersatz dafür verwendet werden.

## Befehle

Stelle meinen Körper auf die lokalen Erdenergien ein.

Steigere die Heilkräfte der Erde.

Beseitige die doppelt negativen Knoten im Hartmann-Gitter.

Ändere schwarze Ströme in Blaugrün.

Schließe alle Portale / Wirbel.

Schließe die Energieabflüsse.

Setze der Krebs verursachenden Energie Heilenergie entgegen.

Zerstreue schädliche Magnetfelder.

Löse Giftstoffe im Wasser auf.

Energetisiere das Grundwasser und wandle schädliche in heilende Energien um.

Harmonisiere Curry- / Hartman- / Energie- / Ley-Linien mit meinem Körper.

Harmonisiere die Beziehungen zu Menschen und Dingen in der Umwelt.

Harmonisiere die Energien des Raumes mit den Bewohnern zum höchsten Wohl.

Erhöhe den Erfolg der Versuche zur Schimmelpilzsanierung.

Neutralisiere alle schädlichen Erdenergien.

Neutralisiere die Energie der Leylinien.

Neutralisiere ein schädliches Ortsgedächtnis.

Neutralisiere die schädlichen Wirkungen von EMF auf meinen Körper.

Neutralisiere negative Emotionen in der Umgebung.

Reinige die Ley-Linien, um nützliche Aspekte zu maximieren.

*Von Erich Hunter Ph.D.*

Erhöhe mein Bewusstsein, um Bereiche mit geopathischem Stress zu erkennen.

Erhöhe mein Bewusstsein, um den perfekten Prüfer zur Ermittlung und Beseitigung von Toxizitätsquellen in meinem Haus zu finden (z. B. Radon, Asbest, Blei, giftiges Wasser usw.).

Sende Grau an alle schädlichen Keime.

Lass die Energie geologischer Störungen synergetisch mit dem Heilungsprozess und dem Erhalt der Gesundheit in meinem Körper zusammenwirken.

Wandle die Energie der Ley-Linien in wohltuende Energien um.

Schwäche meine Reaktion auf Allergene.

# Geschäfte

Dieses Kapitel befasst sich mit Pendelbefehlen, die sich auf die Führung eines Unternehmens beziehen und die Personen betreffen, deren Arbeitsaufgaben und Verantwortung über die eines typischen Büroangestellten hinausgehen. Diese Befehle richten sich an Personen, die entweder selbst ein Unternehmen leiten oder die integraler Bestandteil für die Geschäftsabläufe anderer Unternehmer sind. In den Abschnitten zu Karriere und Geld findest du weitere Pendelbefehle, die die hier aufgeführten ergänzen.

## Befehle

Heilung persönlicher Blockaden vor dem Geschäftserfolg

Stimme mich auf die Bedürfnisse meines Unternehmens ein.

Harmonisiere meine Beziehung zu meinem Unternehmen (kann auch Mitarbeiter, Kunden usw. einschließen).

Ich sehe, dass mein Geschäft reibungslos läuft und ich viel Geld verdiene.

Ich bezeuge, dass ich meine Vorstellung von meinem Geschäft kläre, um das perfekte Geschäft für mich zu erschaffen.

Erhöhe die Anzahl meiner Synchronizitäten, damit sie mich dahin bringen, vorteilhafte Änderungen an meinem Unternehmen umzusetzen.

Magnetisiere mich, so dass ich die perfekten Menschen, Ressourcen und Klarheit über das Ziel anziehe, damit mein Geschäft großartig wird.

Neutralisiere jegliche Blockaden davor, klar zu erkennen, wie ich mir selbst das Geschäft vermassele.

Neutralisiere jegliche Blockaden davor, klar zu erkennen was an meinem Geschäft funktioniert und was nicht funktioniert.

Erhöhe mein Bewusstsein auf die höchstmögliche Stufe, um mein Geschäft klar zu sehen.

Erhöhe mein Bewusstsein auf die höchste Stufe, um klar zu sehen wodurch ich mir in meinem Geschäft selbst Probleme bereite.

Erhöhe mein Bewusstsein auf die höchste Stufe, um klar zu sehen wodurch ich in meinem Geschäft große Dinge erreiche.

Die Gesundheit des Unternehmens mit dem Pendel steigern

Bringe ________ (Teil des Geschäfts, z. B. Verkaufsteam) auf ein Höchstmaß an Produktivität.

Bringe die Vitalität von ________ (Teil des Geschäfts, z. B. Verkaufsteam) auf 100%.

Ändere die Energie aller Aspekte meines Geschäfts in die Sommerenergie von Blaugrün.

Energetisiere (Teil des Geschäfts, z. B. Verkaufsteam), um aktiver zu werden.

Harmonisiere (Teil des Geschäfts, z. B. Verkaufsteam) für maximale Leistung.

Ich bezeuge, wie alle Heilungseinschränkungen (Teil des Geschäfts, z. B. Verkaufsteam) beseitigt werden.

Erhöhe die Menge an Liebe in jedem Teil meines Geschäfts auf das höchstmögliche Niveau.

Erhöhe die Vitalität meines Geschäfts auf 100%.

Neutralisiere die Energie der Funktionsstörung in meinem Geschäft.

Neutralisiere traumatische Energien in meinem Geschäft.

Erhöhe (Teil des Geschäfts, z. B. Verkaufsteam) die Intelligenz auf das höchstmögliche Maß.

Erhöhe das Bewusstsein (Teil des Geschäfts, z. B. Verkaufsteam) auf das höchstmögliche Maß.

Erhöhe das Bewusstsein für die Koordination der verschiedenen Bereiche meines Geschäfts auf das höchstmögliche Niveau.

Sende wintergraue Energie an alle nicht funktionierenden Aspekte meines Geschäfts.

Heilen von Kundenbeziehungen mit dem Pendel

Ändere die Energie meiner Kunden in Blaugrün.

Harmonisiere die Beziehung zwischen allen Kunden sowie potenziellen Kunden und meinem Geschäft.

Steigere die Freude meiner Kunden am Einkauf in meinem Geschäft auf das höchste Maß.

Erhöhe den Faktor positiver Erregung beim Kauf von meinem Geschäft auf das höchste Maß.

Neutralisiere jegliche negativen Gedanken, Gefühle und Erinnerungen, die Kunden in Bezug auf mein Geschäft haben. Ersetze sie durch neutrale Gedanken, Gefühle und Erinnerungen.

Erhöhe das Bewusstsein meines Kundenservice-Teams auf den höchstmöglichen Grad.

Sende allen Kunden und potenziellen Kunden Liebe und Heilung.

Sende meinem Kundenservice-Team Liebe.

Wandle Herausforderungen in Chancen.

Mitarbeiter- / Teamheilung mit dem Pendel

Harmonisiere _______ mit _______.

Harmonisiere die Kommunikation zwischen _______ und _______.

Harmonisiere die Beziehungen unter _______.

Harmonisiere die Beziehungen zwischen _______ und _______.

Steigere die Produktivität von _______.

Neutralisiere jegliche negativen Gedanken, Gefühle oder Erinnerungen zwischen _______ und _______ und wandle sie um in neutrale Gedanken, Gefühle oder Erinnerungen.

Neutralisiere jegliches Armutsbewusstsein von _______.

Erhöhe das Bewusstsein von _______ auf das höchstmögliche Niveau.

Sende blaugrüne Energie an all meine Mitarbeiter (aus diesem Grund müssen diejenigen, die bleiben sollen, energetisch aufgeladen werden).

Sende Liebe an (jegliche Mitarbeiter mit Problemen).

Sende wintergraue Energie an die Mitarbeiter meines Geschäfts (das wird diejenigen Menschen, die nicht dorthin gehören, energetisch ermuntern zu gehen).

Sende Wintergrau an (jede Situation, die du beenden möchtest).

Stress reduzieren im Geschäft

Neutralisiere Stress.

Erhöhe mein Bewusstsein auf den höchsten Grad.

Ändere meine Energie in Blaugrün.

Erhöhe meine Fähigkeit, das Geschäft als ein lustiges Spiel anzusehen.

Transformiere die Energie des Stresses in Produktivität.

Sende beruhigende Energie an die Amygdala meines Gehirns.

Transformiere mich in jemanden, der das Geschäft als ein lustiges / interessantes Spiel ansieht.

Sende Liebe an jede Person und Situation, die mich stressen.

Sende Wintergrau an alles, war mir Stress verursacht.

Wandle meine Beziehung zum Stress von ungesund zu gesund.

Ich bezeuge, dass ich eine neue Beziehung zu potenziell stressigen Situationen habe.

Verbesserung von Marketing und Verkauf mit dem Pendel

Ändere die Energie meiner Geschäfsräume in Blaugrün.

Harmonisiere die Beziehung meines Geschäfts zur Werbung.

Harmonisiere die Beziehungen meines Geschäfts mit seinen Konkurrenten.

Harmonisiere meine Marketingbotschaft mit den perfekten Personen, die bereit und gespannt darauf sind, meine Produkte und Dienstleistungen zu kaufen.

Harmonisiere den Standort meines Geschäfts mit allen bekannten und unbekannten Kunden.

Ich sende eine Nachricht an alle Kunden meines Konkurrenten, damit sie die Produkte und Dienstleistungen meines Unternehmens ausprobieren.

Erhöhe die Fähigkeit von _______ Geld zu empfangen auf das höchstmögliche Maß.

Erhöhe die Sichtbarkeit meines Geschäfts für die perfekten Kunden.

Erhöhe die Sichtbarkeit meines Geschäftsmarketings auf das höchstmögliche Maß.

Mögen die perfekten Menschen das Geld, die Motivation und die Ressourcen haben, um meine Produkte und Dienstleistungen zu kaufen.

Erhöhe das Bewusstsein aller bekannten und unbekannten potenziellen Kunden, damit sie meine Produkte und Dienstleistungen finden und erkennen, dass sie bei mir genau das finden, was sie wollen und brauchen.

Erhöhe das Bewusstsein meiner Werbekanäle auf Blaugrün.

Sende blaugrüne Energie an mein Marketing.

Sende all meinen bekannten und unbekannten Kunden und potenziellen Kunden Liebe.

Sende all meinen Werbekanälen Liebe.

Sende all meinen Konkurrenten Liebe.

Sende allen Kunden meiner Konkurrenten Liebe.

Sende an meinen Geschäftsstandort Liebe.

Zeitgewinn für vielbeschäftigte Unternehmer

"Dehne die Zeit" um diese Aufgabe schneller als möglich abzuschließen.

Trenne Zeit und Geld.

Alles wird mit perfektem Timing abgeschlossen.

Harmonisiere meine Beziehung zur Zeit.

Ich bezeuge, dass ich mehr als genug Zeit habe, um alles zu tun, was ich will.

Erhöhe meine Fähigkeit, die Zeit, die ich jenseits der Arbeit verbringe, zu genießen.

Erhöhe meine Fähigkeit, Zeit mit meiner Familie und meinen Freunden zu verbringen.

Steigere meine Effizienz auf das höchste Maß, um diese Aufgabe schnell und einfach zu erledigen.

Neutralisiere meinen Glauben, dass Zeit Geld ist.

Erhöhe mein Bewusstsein von Zeit.

Beschleunige oder verlangsame die Zeit, um zu ____________.

Wandle meine Beziehung von Zeit zu Geld in eine Beziehung, bei der Zeit vor Geld steht.

# Gesundheit (alle Aspekte)

Dies ist ein langer Abschnitt des Buches. Ich habe ihn alphabetisch angeordnet. Es wird eine Vielzahl von Themen abgedeckt, und möglicherweise sind Befehle aus verschiedenen Bereichen hilfreich. Es gibt auch einige Überschneidungen mit anderen Abschnitten des Buches. Zum Beispiel wird das Thema DNA hier behandelt, aber noch ausführlicher im Abschnitt zur DNA-Aktivierung. Überprüfe mehrere Abschnitte des Buches, wenn du an Gesundheitsthemen arbeitest, und vergiss nicht, auch an Dingen wie Emotionen und früheren Leben usw. zu arbeiten. Denke daran, dass die Heilung von der Person erfolgt. Was die Pendelbefehle bewirken können, ist eine Stimulation, um entweder den Körper zu einer Reaktion der Selbstheilung zu ermutigen, oder um den Widerstand gegen Heilung zu reduzieren. Gehe bei allen gesundheitlichen Problemen zu Ärzten und anderen medizinischen Fachkräften.

**Befehle**

Allgemeine Heilung

Bringe mein ______ (Körperteil) zum stärksten Willen zu leben.

Bringe das Vitalitätsniveau von ______ (Körperteil) auf 100%.

Bringe diese Person über die Stufen der Heilung, so dass sie die Stufe der Liebe erreicht.

Ändere ______ so dass (sie/es) den stärksten Lebenswillen erlangt.

Ändere die Energie der Zellen, Gewebe und Organe in Blaugrün.

*Von Erich Hunter Ph.D.*

Ändere mich, so dass ich den stärksten Lebenswillen habe.

Ändere die Energie von (Person / Körperteil) in Blaugrün.

Lieber Gott, hilf mir, mit Leichtigkeit, Freude und Anmut zu altern.

Lieber Gott, hilf mir zu erkennen, ob ich eine traditionelle medizinische Versorgung benötige.

Lieber Gott, ich bitte, dass jegliche Blockaden vor der Heilung beseitigt werden.

Reduziere meine Blockaden vor der Heilung.

Energetisiere meinen Körper, damit er aktiver wird.

Harmonisiere das Medikament mit meinem Körper für meine maximale Gesundheit.

Ich bezeuge jetzt den Heilungsverlauf vollständiger Genesung.

Erhöhe meine Fähigkeit, Heilung anzunehmen.

Erhöhe meine Vitalität auf 100%.

Erhöhe die Menge an Liebe in jeder Zelle, jedem Gewebe und jedem Organ meines Körpers auf das höchstmögliche Niveau.

Erhöhe für meine Gesundheit und mein Wohlbefinden das Bewusstsein meines _______ (Körperteils) auf das höchste Niveau.

Erhöhe den Mut von (Körperteil, das Probleme hatte) auf das höchstmögliche Niveau.

Für Gesundheit und Wohlbefinden steigere den Lebenswillen auf das höchste Niveau.

Erhöhe den Lebenswillen, die Kraft und die Fähigkeit zu empfangen auf das Maximum.

Steigere die Bereitschaft zu heilen von ________.

Stelle den PH-Wert genau auf das richtige Maß für die Person ein.

Maximiere den Placebo-Effekt, um die Heilkraft der medizinischen Behandlung zu steigern.

Neutralisiere alle Vorteile des Krankseins.

Neutralisiere Schmerzen.

Neutralisiere die Energie der Krankheit.

Neutralisiere traumatische Energien.

Steigere den Lebenswillen meines (füge hier das Organ ein) auf das höchstmögliche Niveau.

Steigere meine Körperintelligenz auf das höchstmögliche Niveau.

Steigere das Bewusstsein von (der Person, für die die Heilung erfolgt) auf das höchstmögliche Niveau.

Erhöhe das Bewusstsein der Koordination des Körper-Geist-Systems auf das höchstmögliche Niveau.

Entferne alle Traumata aus der Erfahrung.

Sende UVB-Licht an schädliche Bakterien.

Wandle niedrige Vitalität in die stärkste Vitalität um.

Wandle meine Vitalität in das Höchstmaß für Gesundheit und Wohlbefinden um.

Altern

Akzeptiere das Altern und seine Vorteile.

Steigere meinen Stoffwechsel auf das effizienteste Niveau.

Verringere die schädlichen Auswirkungen des Alterns.

Erleichtere die körperliche Belastung des Alterns für mich.

Harmonisiere die Beziehung zu meinem alternden Körper.

Harmonisiere meine Beziehungen zu jenen Menschen, mit denen ich im Lauf des Lebens Schwierigkeiten hatte.

Steigere meinen Grad an körperlicher Aktivität.

Steigere meinen Stoffwechsel auf ein für mein Alter gesundes Niveau.

Erhöhe die vorteilhaften Aspekte des Alterns.

Neutralisiere Traumata aus dem Leben.

Erhöhe das Bewusstsein für die Koordination des Körper-Geist-Systems auf das höchstmögliche Niveau.

Erhöhe das Gefühl des Friedens mit dem Alterungsprozess.

Wandle meine schädlichen Vorstellungen über das Altern in nützliche Vorstellungen um.

Mache all meine negativen Vorstellungen über das Altern rückgängig.

Augen

Ändere die Energie meiner Augen zu Blaugrün.

Ändere die Energie des Sehnervs zu Blaugrün.

Lieber Gott, bitte ändere die Form meines Auges, um meine Sicht zu verbessern.

Senke meinen Augendruck.

Löse Katarakte auf.

Fokussiere das Licht gleichmäßig auf die Netzhaut.

Erhöhe meine anderen Sinne, um den Verlust des Sehvermögens auszugleichen.

Ich finde den besten verfügbaren Augenarzt.

Ich bezeuge vollständige Heilung der Augen.

Erhöhe die Flexibilität der Augenlinse.

Maximimiere die Tränenproduktion meiner Augen zu meinem Besten.

Neutralisiere Veränderungen der Augenstruktur, die das Sehen beeinträchtigen.

Neutralisiere Maculadegeneration.

Neutralisiere die Auswirkungen des Alterns auf das Auge.

Neutralisiere das Trauma der Augenoperation.

Normalsiere die Tränenproduktion meiner Augen.

Regeneriere die Hornhaut.

Regeneriere die Macula.

Regeneriere die Tränenkanäle.

Mache die Kataraktbildung rückgängig.

Sende blaugrüne Energie, damit ich den besten Optiker finde.

Sende Heilung an den Sehnerv.

Mache Schaden an meinen Augen rückgängig.

Mache alle Blockaden rückgängig, die mich daran hindern, die Welt klar zu sehen.

Vitalisiere meine Augen.

<u>Autismus</u>

Reduziere die Sensivität von _______ auf _______.

Befolge ein allgemeines medizinisches Protokoll und mache Chakraheilung (verringere Größe und Stärke der oberen Chakren und arbeite täglich an der Stärkung der unteren Chakren).

Harmonisiere die Beziehungen zwischen der _______ und anderen.

Harmonisiere die fünf Sinne.

Hilf, dass _______ verstanden und akzeptiert wird, wie es ist.

Erhöhe das Bewusstsein.

Erhöhe den Grad an Liebe.

Erhöhe das Gefühl sanften Drucks auf den Körper.

Neutralisiere alle Blockaden zu sprechen.

Neutralisiere Extreme der Sinne.

Neutralisiere negative Gedanken, Emotionen und Erinnerungen zwischen dieser Person und anderen.

Sende beruhigende Energie an _______.

Reduziere die ungelöste Spannung des Schaukelverhaltens.

Blut

Stelle mein Blut so ein, dass es meine Körpertemperatur optimal reguliert.

Balanciere den Salzgehalt in meinem Blut für optimale Gesundheit aus.

Das Blut zirkuliert in meinem Körper, ohne die Impedanz aufzuheben.

Erhöhe die Fähigkeit meines Blutes, Stoffwechselabfälle auszuscheiden.

Steigere die Fähigkeit meines Blutes, meinen Geweben erfolgreich Sauerstoff zuzuführen.

Erhöhe die Fähigkeit meines Blutes, Nährstoffe zu liefern.

Ändere die Energie aller Arterien, Venen und Kapillaren in Blaugrün.

Ändere die Energie des Blutplasmas in Blaugrün.

Ändere die Energie des Herzens in Blaugrün.

Entgifte mein Blut.

Ich bezeuge die Bildung gesunder Blutzellen.

Ich bezeuge einen gesunden Blutkreislauf in meinem Körper.

Erhöhe die antioxidative Aktivität und neutralisiere freie Radikale.

Erhöhe den Gehalt an DAO [Diaminoxidase]-Antihistaminika und neutralisiere überschüssige Histamine.

Erhöhe die Anzahl der roten Blutkörperchen und optimiere ihre Gesundheit.

Erhöhe die Fähigkeit meines Blutes, Nährstoffe und Toxine für meine optimale Gesundheit und Wohlbefinden aufzunehmen.

Erhöhe die Fähigkeit meines Blutes, Giftstoffe zu entfernen, damit sie vom Körper ausgeschieden werden können.

Erhöhe den gesunden Blutfluss zu _______ (Körperteil).

Erhöhe die Anzahl der gesunden roten Blutkörperchen.

Erhöhe die Kapazität meines Blutes, Sauerstoff zu transportieren, zu meinem Wohlbefinden auf ein Höchstmaß.

Erhöhe die Anzahl der weißen Blutkörperchen und optimiere ihre Gesundheit.

Vergrößere die immunologische Funktion meines Blutes, durch Anregung der weißen Blutkörperchen und Erhöhung ihres Bewusstseins, um Fremdkörper in meinem Körper zu erkennen.

Erhalte einen PH-Wert meines Blutes von 7,35-7,45 aufrecht.

Erhalte einen optimalen PH-Wert des Blutes aufrecht.

Neutralisiere Plaqueanhäufung in den Arterien.

Neutralisiere Gifte in meinem Blut.

Optimiere die Fähigkeit meines Blutes, Hormone zu transferieren.

Optimiere die Fähigkeit meines Blutes, Sauerstoff zu transferieren und $CO_2$ zu entsorgen.

Sende blaugrüne Enerie an die Blutkörperchen und das Knochenmark.

Sende graue Energie an jegliche Blutkrankheiten.

Sende graue Energie an jegliche Parasiten in meinem Blut.

Stärke die Gerinnungsfähigkeit meines Blutes, stoppe Blutungen und bilde schnell heilende Krusten.

<u>Blutungen</u>

Verringere den Blutfluss aus der Wunde.

Ich bezeuge vollständige Heilung der Wunde.

Neutralisiere übermäßigen Blutfluss.

Entferne das Trauma der Verletzung.

Verzögere eine übermäßige Durchblutung.

Sende blaugrüne Energie zur Unterstützung der Heilung.

Sende graue Energie, um übermäßigen Blutfluss zu stoppen.

Sende Heilung an alles, was die Wunde verursacht hat.

Stärke die Gerinnungsfähigkeit meines Blutes, stoppe Blutungen und bilde schnell heilende Krusten.

Diabetes

Ändere die Energie meines Insulins in Blaugrün.

Ändere die Energie der Inselzellen in Blaugrün.

Ändere die Energie der Bauchspeicheldrüse in Blaugrün.

Reduziere die Insulinresistenz.

Reduziere den Blutzuckerüberschuss.

Harmonisiere die Insulininjektionen mit dem Körper.

Ich bezeuge Gewichtsverlust und Wiederherstellung der Gesundheit.

Ich bezeuge optimale Blutzuckerwerte.

Steigere die Fähigkeit meiner Zellen, Glukose aus meinem Blut zu absorbieren.

Steigere die Fähigkeit meiner Zellen, korrekt auf Insulin zu reagieren.

Erhöhe den Insulinspiegel, den mein Körper produziert (Typ 1).

Erhöhe die Anzahl der Beta-Zellen in der Bauchspeicheldrüse (Typ 1).

Steigere die körperliche Aktivität der Person für ihre Gesundheit und Wohlbefinden.

Erhöhe die Reaktion auf das Insulin.

Erhöhe die Empfindlichkeit gegenüber Insulin.

Senke den Blutzuckerspiegel.

Neutralisiere Traumata der Insulininjektionen.

Reduziere überschüssige Glukose im Blut.

Reduziere meinen Blutzucker auf ein gesundes Niveau.

Stelle das ordnungsgemäße Funktionieren meines Blutzucker-Regulationssystems wieder her.

Sende blaugrüne Energie an meine Bauchspeicheldrüse.

Unterstütze diese Person darin, eine gesunde Diät einzuhalten.

Mache Schäden an Augen, Nieren und Nerven rückgängig.

## DNA

Höhere Macht, reinige die DNA der gesamten Generationenlinie von schädlichen Erinnerungen (epigenetisch) aus allen Zeiten.

Erhöhe die Wirkung der reversen Telomerase-Transkriptase, um die Gesundheit meiner Telomere wiederherzustellen.

Neutralisiere Akkumulationsfehler des genetischen Codes.

Neutralisiere schädliche DNA-Methylierung (epigenetisch).

Stelle beschädigte Telomere wieder her.

Unterstütze die ordnungsgemäße Replikation der DNA.

Transformiere mein FOXO3A-Gen in die Variante einer Person, die über 100 Jahre alt wird.

Mache Schäden an den Telomeren durch Alterung rückgängig.

Mache Schäden der Sonne an meiner DNA rückgängig.

<u>Durchfall</u>

Ich bezeuge vollständige Heilung des Durchfalls.

Mache die ansteckenden, Durchfall verursachenden Organismen wirkungslos.

Sende blaugrüne Energie an die hilfreichen Bakterien.

Sende graue Energie an die den Durchfall verursachenden Bakterien und Viren.

Sende graue Energie an den Durchfall.

<u>Entzündung (rege die Heilung des Immunsystems an)</u>

Verringere die Empfindlichkeit gegenüber Histamin.

Verringere das Ausmaß der Entzündung.

Harmonisiere die Nahrung mit meinem Körper.

Ich bezeuge das richtige Funktionieren der Immunreaktion.

Erhöhe die Histamin-Toleranz.

Erhöhe die DAO[Diaminoxidase]-Werte.

Minimiere Fehlalarme der Immunreaktion.

Neutralisiere überschüssige weiße Blutkörperchen, Immunzellen und Zytokine.

Neutralisiere die Entzündung.

Neutralisiere die Auswirkungen der Entzündung.

Reduziere die Entzündung.

Wandle entzündliche Substanzen in nicht entzündliche.

Erhöhe die Aktivität der Suppressor-T-Zellen, um die Immunität zu verringern.

Erkältung und Grippe

Deaktiviere alle Erkältungs- / Grippeviren in meinem Körper.

Deaktiviere alle RNA von Erkältungs- / Grippeviren.

Steigere mein Immunsystem auf das höchstmögliche Maß.

Steigere das Bewusstsein meiner Vitalität und meines Immunsystems auf das höchstmögliche Maß.

Sende UV-C-Licht an alle Erkältungs- / Grippeviren.

Erste Hilfe im Notfall

Ich sende allen, die mit diesem Notfall zu tun haben, Liebe und Heilung.

Ich bezeuge komplette und vollständige Heilung dieser Person.

Erhöhe das Bewusstsein der medizinischen Helfer auf die höchste Stufe, damit sie die Person am Leben erhalten können.

Entferne alle Traumata aus der Erfahrung.

Entferne alle Blockaden, um _______ am Leben zu erhalten.

Sende blaugrüne Energie damit der Krankenwagen schnell kommt.

Sende blaugrüne Energie, damit die perfekten Menschen auftauchen, um das Leben dieser Person zu retten.

Sende Liebe an jeglichen Verkehrsstau, der unsere Notfallversorgung behindert, und ich bezeuge, dass der Verkehr fließt.

<u>Gehirn (z. B. Koma, Schlaganfall usw.)</u>

Bringe diese Person wieder zu Bewusstsein für die Koordination von Körper und Geist, wenn das zu ihrem höchsten Wohl ist.

Ändere die Energie des Gehirns in Blaugrün.

Ändere die Energie der Großhirnrinde in Blaugrün (für die Wahrnehmung von Bewusstsein und Sinnen).

Harmonisiere den Informationsfluss / den Signalfluss im Kortex.

Harmonisiere den sensorischen Informationsfluss zwischen Thalamus und Großhirnrinde.

Ich bezeuge komplette und vollständige Heilung des Gehirns.

Erhöhe die Fähigkeit des Gehirns, Informationen zu senden und zu empfangen.

Erhöhe die Durchblutung des Gehirns auf ein optimales Niveau.

Erhöhe den Glutamatspiegel auf ein Höchstmaß für Gesundheit und Wohlbefinden.

Erhöhe die Durchblutung des Gehirns auf ein optimales Niveau.

Erhöhe den Informationsfluss durch den Thalamus.

Erhöhe die Vitalität der Großhirnrinde auf ein Höchstmaß.

Neutralisiere alle Blockaden, um eine ordnungsgemäße Gehirnfunktion zu gewährleisten.

Neutralisiere alle Blockaden des Gehirns in Bezug auf das Senden und Empfangen von Informationen.

Neutralisiere DNA-Schäden der Gehirnzellen.

Neutralisiere Energieblockaden in der Großhirnrinde.

Neutralisiere Traumata des Gehirns.

Entferne Traumata des Gehirns von Schlaganfall / [epileptischen] Anfällen.

Mache das Koma rückgängig und bringe diese Person in die Normalität zurück.

<u>Gicht</u>

Neutralisiere die Harnsäure im Blut.

Reduziere den Spiegel der Harnsäure im Blut.

Löse die nadelartigen Kristalle in den Gelenken auf.

Reduziere die Entzündung.

*Von Erich Hunter Ph.D.*

Haare

Ändere die Energie der Melanozyten in Blaugrün (bei grauem Haar).

Ändere die Energie der Zellen in der Kopfhaut in Blaugrün.

Ändere die Energie der Haarfollikel in Blaugrün.

Lieber Gott, vermehre das Haarwachstum.

Sende rote Energie an die Haarfollikel.

Haut

Erhöhe die Vitalitätsstufe der Haut auf 100%.

Ändere die Energie des Kollagens und Elastins in Blaugrün.

Ändere die Energie der Haut in Blaugrün.

Harmonisiere die Feuchtigkeitscreme mit dem Körper.

Ich bezeuge die Erneuerung der Haut.

Ich bezeuge vollständige Heilung der Haut.

Erhöhe die Umwandlung von dermalen Fibroblasten in Fettzellen.

Steigere die Gesundheit der Hautzellen.

Steigere den Lebenswillen der Haut auf das höchste Niveau.

Neutralisiere Schäden an Kollagen und Elastin in der Haut.

Neutralisiere Hautkrebs.

Neutralisiere die schädlichen Auswirkungen der Sonnenbestrahlung.

Neutralisiere durch Mimik entstandene Falten.

Stelle die Gesundheit der Haut wieder her.

Schrumpfe Mitesser / Pickel.

Wandle Krebszellen in nicht-kanzeröse Zellen.

Wandle verbrannte Haut in gesunde Haut.

<u>Herz und Kreislauf (siehe auch die Abschnitte zu Blut und Chakren)</u>

Ändere die Energie des Herzgewebes in Blaugrün.

Ändere die Energie der Arterien, Venen, Kapillaren und Klappen in Blaugrün.

Energetisiere den Körper, damit er aktiver wird.

Energetisiere das Herz, damit es das Blut effizienter pumpen kann.

Harmonisiere den Schrittmacher mit dem Körper / Herzen.

Steigere das Bewusstsein meines Herzens auf das höchstmögliche Niveau.

Steigere die körperliche Aktivität der Person.

Senke den Blutdruck.

Maximiere den Blutfluss.

Neutralisiere die Verhärtung der Arterien.

Neutralisiere Ablagerungen in den Arterien.

Neutralisiere die Traumata eines Herzinfarkts.

Neutralisiere die Traumata einer Herzoperation.

Normalisiere den Blutdruck.

Normalisiere die Herzfrequenz / den Rhythmus.

Stelle die Herzgesundheit wieder her.

Stelle den Herzschlag wieder auf die Ruhefrequenz ein.

Sende rotes Licht an das Herzgewebe.

Mache Schäden am Herzen rückgängig.

<u>Hormone</u>

Passe den Körper an niedrigere Hormonspiegel an.

Lindere den Schock durch niedrigeren Hormonspiegel und maximiere die Körperfunktionen.

Hebe die Hormonbelastung im Wasser auf.

Ändere die Energie von (Zirbeldrüse, Hypothalamus, Hypophyse, Schilddrüse, Thymusdrüse, Bauchspeicheldrüse, Nebennieren, Hoden, Eierstöcke) in Blaugrün.

Ändere die Energie des endokrinen Systems in Blaugrün.

Harmonisiere die hormonellen Veränderungen des Alterns.

Harmonisiere die hormonellen Veränderungen in meinem Körper.

Hilf Körper, Geist und Seele, sich zu meinem höchsten Wohl an die hormonellen Veränderungen in meinem Körper anzupassen.

Erhöhe den Dopaminspiegel auf ein gesundes Niveau.

Erhöhe den Östrogenspiegel.

Erhöhe den Testosteronspiegel.

Erhöhe meinen Melatoninspiegel auf das ideale Niveau.

Erhöhe meinen Schilddrüsenhormonspiegel.

Erhöhe den Spiegel von Östrogen und Progesteron.

Erhöhe den Lebenswillen meiner Schilddrüse.

Maximiere die Fähigkeit des Körpers, mit niedrigeren Hormonspiegeln zu arbeiten.

Mache die schädlichen Auswirkungen von Antibabypillen auf den Hormonhaushalt zunichte.

Neutralisiere das Adrenalin.

Neutralisiere schädliche Wirkungen / Traumata der Hormontherapie.

Hebe die Auswirkungen von Stress auf mein Hormonsystem auf.

Erhöhe die Vitalität des Hormonsystems auf ein Höchstmaß.

Reduziere meinen Cortisolspiegel.

Stelle den normalen Hormonspiegel wieder her (z. B. nach Stillen, Schwangerschaft usw.).

Synchronisiere die Veränderungen der Wechseljahre mit Gesundheit und Wohlbefinden.

<u>Immunsystem (bei Infektionen und Autoimmunerkrankungen)</u>

Ändere die Energie der (Schleimhäute, Mandeln, Lymphgefäße, Thymus, Lymphknoten, Haut, Milz, Knochenmark, Makrophagen, T-Zellen) in Blaugrün.

Harmonisiere das Immunsystem mit dem Körper, den es bewohnt.

Harmonisiere die Beziehung zwischen Makrophagen und Helfer-T-Zellen.

Ich bezeuge das ordentliche Funktionieren des Immunsystems.

Steigere die Erzeugung von Antikörpern.

Steigere die Fähigkeit der Makrophagen, infizierte Zellen aufzunehmen.

Maximiere die Fähigkeit meines Immunsystems, infektiöse Organismen und Eindringlinge zu erkennen und zu zerstören.

Annuliere Angriffe des Immunsystems auf den Körper.

Potenziere mein Immunsystem.

Bringe mein Immunsystem wieder ins Gleichgewicht.

Revitalisiere meine Lymphknoten.

<u>Knochen</u>

Balanciere die Geschwindigkeit der Knochenreabsorption und des Knochenaufbaus aus.

Ändere die Energie der Knochenzellen in Blaugrün.

Ich bezeuge optimale Knochengesundheit.

Erhöhe die Fähigkeit des Körpers, Mineralien für das Knochenwachstum zu sammeln und zu verwenden.

Erhöhe die körperliche Aktivität der Person, um die Knochendichte zu fördern.

Neutralisiere Traumata aus Knochenbrüchen.

Sende rotes Licht an die Wachstumszellen der Knochen.

Wandle ungesunde Gelenke in gesunde um.

Bezeuge eine vollständige Heilung des gebrochenen Knochens.

<u>Kopfschmerzen</u>

Bringe die chemische Aktivität des Gehirns ins Gleichgewicht.

Ändere die Energie der Blutgefäße, Muskeln und Nerven von Kopf und Hals in Blaugrün.

Ändere die Energie des Gehirns in Blaugrün.

Koordiniere die Gehirnfunktionen optimal.

Desensibilisiere schmerzempfindliche Nerven des Kopfes.

Entspanne überschüssige elektrische Ladung der Neuronen.

Gleiche die Gehirnenergie aus.

Ich bezeuge, dass ich mich großartig fühle.

Ich bezeuge vollständige Heilung meiner Kopfschmerzen.

Normalisiere die Gehirnaktivität (bei Migräne).

Optimiere die Gehirnfunktion.

Reduziere die Spannung des engen Bandes um den Kopf.

Reduziere die Auswirkungen übermäßiger Medikamenteneinnahme zur Behandlung von Kopfschmerzsymptomen.

Entspanne das Gehirn.

Synchronisiere die Gehirnfunktion.

Wandle Schmerz in Freude.

Wandle Kopfschmerzenergie in Energie des Wohlbefindens.

Schwäche die Kopfschmerzen.

<u>Krankheit</u>

Richte mich auf perfekte Gesundheit aus.

Ändere die Energie meines Körpers in Blaugrün.

Setze ein Gegengewicht zu Krankheiten.

Verringere die Vitalität von Krankheiten.

Lasse Miasmen oder die Tendenz Krankheitsenergie anzusammeln, los.

Erleichtere die schädlichen Auswirkungen von Krankheiten auf meinen Körper.

Ich bin bei perfekter Gesundheit, frei von Krankheit.

Ich bezeuge vollständige Heilung von ______ (Krankheit).

Erhöhe meine Immunität auf das höchste Niveau.

Neutralisiere Krankheitsenergie.

Regeneriere einen Zustand optimaler Gesundheit.

Mache Krankheitsorganismen ineffektiv.

Stelle die Gesundheit meines Körpers wieder her.

Sende graue Energie an die Krankheit.

Sende UV-B-Licht an alle schädlichen Bakterien.

Lade mein Immunsystem auf.

Lasse die Medizin mit meinem Körper zusammenwirken, um die Krankheit zu beenden.

Wandle die Energie der Krankheit in Gesundheit um.

Mache die Auswirkungen der Krankheit rückgängig.

Schwäche die Krankheit.

Krebs

Die Krebszellen kooperieren vor allem mit dem Überleben des Körpers statt ihrem Eigeninteresse.

Ändere jegliches Zellgewebe und Organ, das nicht krebsartig ist, in Blaugrün.

Lieber Gott, heile mich vom Krebs.

Ich bezeuge eine spontane Remission des Krebses.

Ich bezeuge vollständige Heilung vom Krebs.

Erhöhe die Kraft meiner gesunden Zellen.

Meine normalen Zellen lehren die Krebszellen zu sterben.

Neutralisiere die Blockaden der Krebszellen, am Überleben des Körpers mitzuwirken.

Entferne / neutralisiere alle unnötigen negativen Nebenwirkungen von Bestrahlung, Chemotherapie und anderen Medikamenten.

Sende allen Krebszellen Liebe.

Sende Winterenergie (Grau) an alle Krebszellen.

Lass den Tumor schrumpfen.

Wandle krebsartige Zellen in nicht-krebsartige um.

<u>Lyme-Borreliose</u>

Schließe alle Alien-Portale, die mit dem Zeckenstich verbunden sind.

Harmonisiere die Beziehungen zwischen der Person und ihrer Familie.

Neutralisiere die Energie der Lyme-Borreliose, des Rocky Mountain-Fiebers, usw.

Neutralisiere die Energie der von durch Zecken übertragenen Krankheiten.

Neutralisiere negative Gedanken, Emotionen und Erinnerungen zwischen Familienmitgliedern.

Entferne die Energie der von durch Zecken übertragenen Krankheiten.

Entferne die durch Antibiotika verursachten negativen Nebenwirkungen.

Bezeuge vollständige Genesung nach einem Zeckenstich ohne Übernahme der Krankheit.

<u>Magenschmerzen</u>

Ändere die Energic meines Verdauungssystems in Blaugrün.

Ändere die Energie von Magen, Nieren, Leber, Dünn- und Dickdarm, Blinddarm, Bauchspeicheldrüse, Gallenblase und Milz in Blaugrün.

Senke die Entzündung des Magens / Darms.

Senke die Produktion von Blähungen.

Harmonisiere die Nahrung mit meinem Körper.

Ich bezeuge vollständige Heilung meiner Magenschmerzen.

Erhöhe die Fähigkeit, Nahrung zu verdauen.

Neutralisiere alle schädlichen Energien im Verdauungssystem.

Neutralisiere die schädlichen Wirkungen der Narhung.

Neutralisiere den PH-Wert des Reflux.

Erhöhe das Bewusstsein meines Verdauungssystems auf das höchstmögliche Niveau.

Sende Wintergrau an alle Magengrippeviren und -bakterien.

<u>Medikamente</u>

Körper, harmoniere mit diesem Medikament zu meiner maximalen Gesundheit.

Körper, verarbeite dieses Medikament sicher und scheide ebenso seine Abbauprodukte sicher aus.

Reduziere alle negativen Nebenwirkungen der Medikamente.

Harmonisiere die Medikamente mit meinem Körper zu maximaler Gesundheit.

Harmonisiere den Impfstoff mit dem Körper.

Ich bezeuge, dass ich meine Medikamente richtig einnehme.

Erhöhe die Effektivität der Medikamente.

Neutralisiere alle Blockaden, die verhindern, von diesem Medikament zu profitieren.

Neutralisiere unerwünschte Nebenwirkungen der Arzneimittel und / oder Behandlungen.

Neutralisiere die schädlichen Nebenwirkungen der Medikamente.

Erhöhe mein Bewusstsein, damit ich meine Medikamente korrekt einnehme.

Steigere das Bewusstsein meines Arztes während er das Rezept schreibt auf das höchste Niveau.

Steigere das Bewusstsein des Apothekers auf das höchste Niveau.

Entferne die negativen Nebenwirkungen der Antibiotika.

Entferne die negativen Nebenwirkungen aller Medikamente / Impfungen.

Sende blaugrüne Energie, damit die Verschreibung schnell / korrekt ausgestellt wird.

<u>Mediziniche Versorgung</u>

Ändere die Energie des Sprechzimmers / Operationssaals in Blaugrün.

Harmonisiere meine Beziehungen zu allen, die mit dem medizinischen Eingriff befasst und mir bekannt oder unbekannt sind.

Harmonisiere die medizinischen Behandlungen mit dem Körper.

Ich bezeuge, dass _______ perfekt läuft, so dass meine Behandlung erfolgreich ist.

Neutralisiere alle Gefühle der Angst, des Leidens und der Energien niedrigen Bewusstseins, die im Krankenhaus- / Arztzimmer vorhanden sind.

Erhöhe das Bewusstsein und die Liebe aller an dem medizinischen Ereignis Beteiligten.

Entferne die durch das Medikament / die Antibiotika verursachten negativen Nebenwirkungen.

Entferne / neutralisiere Traumata der Operation.

<u>Mückenstiche</u>

Verringere die allergische Reaktion auf den Stich.

Maximiere die Wirksamkeit von Insektenschutzmitteln und / oder Anti-Juckreiz-Cremes usw.

Neutralisiere das Trauma des Stichs.

Entferne die negativen Nebenwirkungen eines Insektenschutzmittels und / oder einer Creme gegen Juckreiz usw.

Sende Blaugrün an das Gewebe und die Zellen, die von dem Stich betroffen sind.

Sende Wintergrau an alle Parasiten, die die Mücke übertragen haben mag.

Sende Wintergrau an meine Reaktion auf den Stich.

Bezeuge vollständige Heilung des Stiches.

<u>Muskeln</u>

Ändere das Actin und das Myosin in Blaugrün.

Ändere die Energie der Muskeln, Sehnen und Bänder in Blaugrün.

Lieber Gott, erhöhe die neurologische Kraft der Muskeln.

Lieber Gott, erhöhe die körperliche Kraft der Muskeln.

Energetisiere meine Muskeln.

Harmonisiere meine Muskeln miteinander.

Harmonisiere die Muskeln mit dem Nervensystem.

Steigere das Wachstum von Actin und Myosin.

Steigere das Wachstum des Muskelgewebes.

Steigere die körperliche Aktivität der Person.

Steigere die Empfindlichkeit der Muskeln gegenüber wachstumsstimulierenden Proteinen.

Neutralisiere alle Blockaden des Muskelgewebes zu wachsen.

Revitalisiere mein Muskelsystem.

Sende rotes Licht, um das Muskelwachstum anzuregen.

Nervensystem

Ändere die Energie der Nervenzellen in Blaugrün.

Ändere die Energie des Nervensystems in Blaugrün.

Desensibilisiere / sensibilisiere mein Nervensystem.

Energetisiere mein Nervensystem.

Harmonisiere / synchronisiere das zentrale und das periphere Nervensystem.

Harmonisiere den Energiefluss durch mein Nervensystem.

Steigere die Vitalität meines Nervensystems auf das höchste Niveau.

Steigere die Fähigkeit des Nervensystems, so dass ein Teil bei Ausfall des anderen kompensieren kann.

NeutralisiereTraumata des Nervensystems.

Regeneriere geschädigte Nerven / Gehirngewebe.

<u>Ohren</u>

Ändere die Energie der Ohren zu Blaugrün.

Ändere die Energie des Innenohres zu Blaugrün.

Verringere die Blockade durch Ohrenschmalz.

Desensibilisiere mich gegen das Klingeln in meinen Ohren (Tinnitus).

Reduziere die Angst (Tinnitus).

Lass die Flüssigkeit im Ohr abfließen.

Lass die Flüssigkeit abfließen, die Druck im Mittelohr erzeugt.

Harmonisiere die Ausscheidung von Ohrenschmalz.

Harmonisiere die Haarzellen, den Hörnerv und die Hörrinde im Gehirn (Tinnitus).

Ich bezeuge, dass das Ohr infektfrei ist.

Erhöhe die Ausscheidung von Ohrenschmalz.

Neutralisiere die übermäßige Stimulation des Hörnervs (Tinnitus).

Neutralisiere den Schmerz der Ohrinfektion.

Neutralisiere das Trauma des auditorischen Kortex.

Neutralisiere das Trauma der Ohren.

Neutralisiere das Trauma der Haarzellen der Ohren.

Öffne die Eustachische Röhre.

Optimiere den Druck im Mittelohr.

Reduziere die Entzündung der Eustachischen Röhre.

Entlaste das Trommelfell.

Stelle das Hörvermögen wieder her.

Sende die Energie von Antibiotika ans Mittelohr, um die Infektion zu beheben.

Sende ultraviolettes Licht, um Ohreninfektionen zu neutralisieren.

Verlangsame die Bildung von Ohrenschmalz.

Mache den Gehörverlust rückgängig.

Bezeuge die vollständige Heilung des gerissenen Trommelfells.

Parasiten

Erhöhe / maximiere die Wirksamkeit der Bekämpfung von Flöhen / Zecken.

Mache mein Haustier für Zecken unsichtbar.

Sende Grau (Winterenergie), um den Tod ungesunder Zellen, schädlicher Bakterien, Viren, Parasiten oder Krebszellen zu stimulieren.

Steigere die Fähigkeit des Immunsystems, Parasiten abzuwehren.

Scheide die Parasiten aus.

Reduziere die Anzahl der Parasiten.

Neutralisiere negative Nebenwirkungen von Antiparasitika.

Harmonisiere Antiparasitika mit dem Körper.

Steigere die Wirkung von Antiparasitika gegen Parasiten.

Rauchen

Lösche die Gewohnheit des Rauchens.

Entferne jegliches Verlangen zu rauchen.

Stelle meinen gesundheitlichen Zustand vor dem Rauchen wieder her.

Sende Wintergrau ans Rauchen.

Sende Blaugrün, um nicht zu rauchen.

Löse das Trauma des Rauchens von meinem Körper.

Schlaf

Verringere meine Empfindlichkeit gegenüber Licht / Geräuschen in der Nacht.

Verringere die Größe des Kronenchakras.

Verbessere die Gehirnwellenfunktion.

Harmonisiere den Schlaf mit dem Körper.

Ich spüre jetzt Schläfrigkeit.

Ich schlafe tief und ruhe nachts gut aus.

Ich bezeuge, dass ich schlafe.

Steigere meine Fähigkeit zu schlafen.

Steigere mein Trainingsniveau, damit mein Körper abends müde ist.

Erhöhe meinen Melatoninspiegel auf das ideale Niveau.

Erhöhe meine Empfindlichkeit gegenüber Melatonin / Dopamin.

Erhöhe die Dauer meines Schlafs auf die höchste Stufe.

Steigere das Ausmaß entspannender Empfindungen in meinem Körper.

Wandle Schlaflosigkeit in Schlaf.

Neutralisiere Stress.

Neutralisiere die Auswirkungen von Koffein / Alkohol / Nikotin / Computer-Strahlung usw.

Entspanne meinen Körper / Geist.

Entferne alle Blockaden, die mich hindern ausreichend zu schlafen.

Stelle meine Fähigkeit wieder her, tief und fest zu schlafen und einen erholsamen Schlaf zu haben.

Stelle meinen Tagesrhythmus wieder her.

Lade mich massiv mit entspannenden Empfindungen / Gedanken / Emotionen auf, die den Schlaf fördern.

Lade meine Melatonin- / Dopamin-Spiegel nachts auf.

Wandle Schlaflosigkeit in tiefen Schlaf.

Wandle die unbewusste Beziehung zum Schlaf auf positive Weise.

Schmerzen

Senke den Schmerzpegel.

Neutralisiere die Schmerzen.

Desensibilisiere mich gegen übermäßige Schmerzen.

Wandle Schmerz in Verständnis.

Sonnenbrand

Neutralisiere die Auswirkungen von Sonnenschäden.

Entferne die Hitze.

Sende meiner Haut Heilung.

Stress

Ändere meine Fähigkeit Stress zu begegnen.

Stimme mich auf die stressfreien Aspekte des Lebens ein.

Steigere die nicht stressenden Gefühle.

Verringere die Stärke meiner Stressreaktion.

Verringere die Anzahl der Stressoren in meinem Leben.

Nimm dem Stress die Bedeutung / Wirkung.

Harmonisiere meine Beziehung zu stressenden Menschen / Situationen.

Ich bezeuge, dass ich gut mit Stress umgehe.

Steigere die Entspannung.

Neutralisiere Stress.

Optimiere mein Ausgangsniveau der Zufriedenheit mit dem Leben und der Arbeit.

Reduziere meinen Cortisolspiegel.

Unterstütze das Erleben stressfreier Gefühle.

Unterdrücke meinen Wunsch nach Stress.

<u>Verbrennungen</u>

Verringere die Wirkungen der Hitze.

Ich bezeuge vollständige Heilung der Verbrennung.

Steigere den Lebenswillen der Haut auf das höchste Niveau.

Neutralisiere die Hitze der Verbrennung.

Neutralisiere die Schmerzen.

Entferne alle überflüssige Hitze.

Entferne die Hitze aus der Verbrennung.

Erneuere die Haut.

Sende kühlende Energie.

<u>Verdauung</u>

Ändere die Energie meiner Speicheldrüsen, des Rachens, der Speiseröhre, des Magens, des Dünndarms, des Dickdarms, des Rektums, der Leber, der Gallenblase und der Bauchspeicheldrüse in Blaugrün.

Ändere die Energie der Gallenblase in Blaugrün.

Ändere die Energie der Gedärme in Blaugrün.

Ändere die Energie des Muskels zwischen Magen und Speiseröhre in Blaugrün (Säurereflux).

Verringere den Säurefluss nach oben (Säurerückfluss).

Löse die Gallensteine auf.

Harmonisiere Gluten mit meinem Verdauungssystem (Zöliakie).

Harmonisiere mein Immunsystem mit meinem Verdauungssystem (Morbus Crohn / Zöliakie).

Harmonisiere Nahrung / Getränke mit meinem Körper.

Harmonisiere die Passage von Gallensteinen aus der Gallenblase.

Ich bezeuge, dass mein Verdauungssystem perfekt arbeitet.

Ich bezeuge vollständige Heilung von den Gallensteinen.

Ich bezeuge vollständige Heilung des Magengeschwürs.

Erhöhe den Bewusstseinsgrad meines Darms auf die höchste Stufe.

Mein Verdauungssystem ist bei bester Gesundheit.

Neutralisiere Angriffe des Immunsystems auf das Verdauungssystem (Morbus Crohn / Zöliakie).

Neutralisiere den Säuregehalt des Reflux.

Neutralisiere Gifte in der Nahrung / den Getränken.

Hebe die nachteilige Reaktion meines Körpers auf Gluten auf.

Optimiere meine Fähigkeit, Laktose zu verdauen.

Reduziere Säureüberschuss.

Reduziere Entzündungen des Verdauungssystems.

Rehydriere meinen Körper.

Sende blaugrüne Energie an die Divertikel.

Sende blaugrüne Energie daran, Stuhlgang zu haben.

Sende blaugrüne Energie an die hilfreichen Bakterien.

Sende graue Energie an die Verstopfung.

Sende graue Energie an den Helicobacter pylori (bei Magengeschwür).

Sende UVB-Licht an schädliche Bakterien (Lebensmittelvergiftung).

Straffe den Muskel zwischen Magen und Speiseröhre (Säurereflux).

Wandle die Wunden in der Magenschleimhaut und am Dünndarm in gesunde Zellen um (bei Magengeschwüren).

Verletzungen

Ändere die Energie in Blaugrün.

Ich bezeuge vollständige Heilung.

Entferne / neutralisiere die Energie des Traumas.

Verstopfung

Sende wintergraue Energie an die Realität, verstopft zu sein.

Sende blaugrüne Energie an die Realität, Stuhlgang zu haben.

Neutralisiere Blockaden Stuhlgang zu haben.

Ich bezeuge Stuhlgang zu haben.

Zähne

Ändere die Energie von Zähnen und Zahnfleisch in Blaugrün.

Harmonisiere meine Beziehungen zum Zahnarzt und den Technikern auf das höchste Niveau.

Ich bezeuge eine erfolgreiche Zahnbehandlung.

Ich bezeuge eine vollständige Heilung der Zahnbehandlung von ________.

Erhöhe die Stärke meiner Zahnbürste / Zahnpasta / Mundwasser /usw.

Maximiere die Wirksamkeit meiner Zahnbürste / Zahnpasta / Mundwasser /usw.

Neutralisiere alle schädlichen Nebenwirkungen von Sedierung / Zahnmedikamenten.

Neutralisiere meine Zahnschmerzen.

Neutralisiere Traumata der Zahnbehandlung von _______.

Erhöhe das Bewusstsein von Zahnarzt und Technikern auf das höchste Niveau.

Sende Heilung an Zähne, Zahnfleisch, Kieferknochen.

Sende Wintergrau an schädliche Bakterien in Zähnen und Zahnfleisch.

Sende Wintergrau an die Infektion.

Sende Wintergrau an den Zahnbelag.

<u>Zellen</u>

Stimme die Zellen miteinander ab, um eine maximale Gewebe- und Organfunktion zu erzielen.

Hebe die schädlichen Auswirkungen des Alterns auf meine Zellen auf.

Ändere die Energie der Zellen in Blaugrün.

Reinige meine Zellen von Stoffwechselabfall.

Energetisiere das Wachstum neuer Zellen.

Harmonisiere das Wachstum von Zellen miteinander.

Ich bezeuge eine gesunde Mitose und Meiose.

Erhöhe die antioxidative Aktivität und neutralisiere freie Radikale.

Für meine Gesundheit und mein Wohlbefinden erhöhe den Grad der Autophagie auf ein Höchstmaß.

Steigere den Lebenswillen meiner Zellen.

Steigere / ändere meinen Stoffwechsel auf das effizienteste Niveau.

Maximiere das Wachstum gesunder Zellen.

Neutralisiere alle Blockaden vor einer gesunden Zellreproduktion.

Neutralisiere die Anhäufung von Abfallprodukten in meinen Zellen.

Neutralisiere die durch freie Radikale verursachte Oxidation.

Reduziere Oxidationsschäden an Zellen.

Sende blaugrüne Energie an die zellulären Organellen.

Wandle ungesunde in gesunde Zellen um.

# Gewichtsabnahme

Einige Leute berichten über dramatische, gesunde Abnahme unter Anwendung von Pendelbefehlen. Der Schlüssel dabei ist zu erkennen, warum du zunimmst. Es gibt viele Ursachen für Gewichtszunahme. Benutze diese Befehle ergänzend, um ein gesundes Gewicht zu erreichen.

**Befehle**

Erlaube mir, mich mit meinem idealen Körpergewicht sicher zu fühlen.

Erlaube mir, mich ohne zusätzliche Polsterung sicher zu fühlen.

Körper, zu meinem höchsten Wohl verbrenne mehr Kalorien.

Wandle mich in jemanden, den es nach gesunder Nahrung verlangt.

Reinige mich von verdichteten Energien, die das Übergewicht verursachen.

Reduziere meinen Appetit.

Ich bezeuge, dass ich mein Übergewicht verliere.

Energetisiere … den Körper, aktiver zu werden.

Hilf mir, eine Trainingsart zu finden, die ich gern ausübe.

Ich kontrolliere meine Portionen.

Ich erde mich auf andere Weise als mit Essen oder Übergewicht.

*Von Erich Hunter Ph.D.*

Ich esse zu jeder Mahlzeit die perfekte Nahrungsmenge.

Ich erreiche mit Leichtigkeit mein Idealgewicht.

Steigere das Verlangen meines Körpers sich zu bewegen und zu schwitzen.

Erhöhe mein Bewusstsein von Essen und Nahrung auf das höchstmögliche Niveau.

Steigere mein Verlangen nach gesunder Nahrung mit geringen Kalorien.

Steigere meine Willenskraft auf das höchste Niveau.

Hemme meinen Appetit und erhöhe meinen Energieverbrauch.

Erhöhe mein Bewusstsein für meine Wahl der Nahrung auf das höchstmögliche Niveau.

Erhöhe mein Bewusstsein, so dass ich das Ergebnis meiner Wahl klar erkenne.

Reduziere mein Verlangen nach hochkalorischer Nahrung.

Reduziere mein Verlangen nach Koffein.

Reduziere mein Verlangen, abends / nachts zu essen.

Entferne all meine Blockaden, mit Leichtigkeit durch Zunahme / Abnahme ein gesundes Gewicht zu erreichen.

Verwandle mein Übergewicht in Energie für Vitalität und Gesundheit.

# Homöopathie

Wenn du homöopathische Mittel einnimmst oder Heilpraktiker bist, kannst du von der Pendelheilung profitieren. Ich habe dieses Thema in zwei Abschnitte unterteilt: Anwender der Homöopathie, die Ursachen beheben wollen, und Homöopathen.

**Befehle**

<u>Anwender der Homöopathie</u>

Devitalisiere alle Miasmen.

Lindere unangenehme Nebenwirkungen der Einnahme des homöopathischen Mittels.

Steigere die Fähigkeit des homöopathischen Mittels, die Auswirkung der Grunderkrankung in meinem Körper zu stimulieren, so dass ich problemlos heilen kann.

Steigere die positiven Wirkungen der Einnahme des homöopathischen Mittels.

Steigere die Wirkung des homöopathischen Mittels zu meinem höchsten Wohl.

Erhöhe die Anzahl der Synchronizitäten, die mich dorthin lenken, den perfekten Homöopathen / das perkfekte Mittel zu finden.

Maximiere die Fähigkeit meines Körpers, schädliche Miasmen auszugleichen.

Maximiere die Fähigkeit meines Körpers, das Mittel anzuwenden und mich zu heilen.

Neutralisiere all meine Blockaden, den besten Homöopathen für mich zu finden.

Annulliere alle Miasmen.

Erhöhe das Bewusstsein meines Homöopathen, des Personals und aller Beteiligten, damit ich eine optimale Konsultation habe und die benötigte Hilfe bekomme.

Erhöhe die Fähigkeit meines Körpers, Miasmen entgegenzuwirken und zu lösen.

<u>Homöopathen</u>

Steigere meine Fähigkeit, meine Patienten zu diagnostizieren.

Energetisiere das Heilmittel.

Steigere die Fähigkeit des homöopathischen Mittels, die Wirkung der Grunderkrankung zu stimulieren, wenn es zum höchsten Wohl ist.

Erhöhe die Wirksamkeit meiner Mittel auf das höchste Niveau.

Maximiere meine Fähigkeit, akute von chronischen Problemen zu unterscheiden.

Maximiere den Placebo-Effekt, um die Heilkraft der homöopathischen Behandlung zu verbessern.

Neutralisiere alle Verunreinigungen / Energiesignaturen von meinen Glaswaren.

Neutralisiere jede Energie der Anspannung oder Angst, die meine Klienten davon abhält, verletzlich zu sein und mir ihre Symptome zu zeigen.

Hebe alle Vorteile auf, die meine Patienten durch ihre Krankheit haben.

Optimiere meine Fähigkeiten beim Pendeln / als Muskeltester, um das perfekte Mittel zu finden,

Potenziere meine Mittel.

Erhöhe mein Bewusstsein, damit ich mit Leichtigkeit, Freude und Anmut das perfekte Similimum finde.

Erhöhe mein Bewusstsein, um das perfekte Mittel zu finden.

Erhöhe das Bewusstsein des Mittels auf das höchste Niveau.

Sende Blaugrün, damit alle Miasmen verschwinden.

Sende Blaugrün an das Mittel, damit es perfekt wirkt.

Sende Wintergrau an die Miasmen.

# Inneres Kind

Lange Zeit mochte ich die Heilung des Inneren Kindes nicht, sondern hielt es für dumm. Dann erkannte ich, dass das ein Abwehrmechanismus war, weil mein Inneres Kind verwundet war. Nahezu jeder hat ein verwundetes Inneres Kind. Kinder sind unschuldig und dann geht letztendlich diese Unschuld verloren. Diese Befehle hier wurden formuliert, um dir bei der Heilung und Revitalisierung deines Inneren Kindes zu helfen. Wenn du als Kind Mißbrauch erlitten hast, verbinde diese Arbeit mit der Heilung von Emotionen.

## Befehle

Ändere die Energie meines Inneren Kindes in Blaugrün.

Tröste mein Inneres Kind.

Entwerte das Trauma, meine Unschuld zu verlieren.

Lass mein energetisiertes Inneres Kind strahlen und frei sein.

Wachse und erwecke mein Inneres Kind.

Harmonisiere meine Beziehung zu meinem Inneren Kind.

Ich besänftige und tröste aktiv mein Inneres Kind.

Ich erlebe jetzt die Freude der Kindheit, die ich nie hatte.

Ich steigere mein Bewusstsein, um zu erkennen, zu sein, wahrzunehmen oder zu empfangen, was ich brauche, um mein Inneres Kind zu erwecken.

Ich bezeuge, andere zu finden, bei denen ich mein Inneres Kind zum Ausdruck bringen kann.

Ich bezeuge, dass ich meinem Inneren Kind auf gesunde Art und Weise Ausdruck verleihe.

Steigere meine Fähigkeit, spielerisch zu sein.

Steigere meine Fähigkeit, Vorfreude zu genießen.

Steigere meine Fähigkeit, meine Freizeit zu genießen.

Steigere meine Fähigkeit zu kindlicher Neugier auf das höchste Niveau.

Steigere meine kindliche Neugier.

Steigere mein Niveau der Verspieltheit.

Integriere alle verlorenen Seelenfragmente, so dass ich jetzt vollständig bin.

Magnetisiere das Wissen in meinem Herzen, was ich tun soll, damit ich meiner Freude folgen kann.

Vergrößere meine Fähigkeit, klar zu sehen, wie sich mein Inneres Kind in meinem Leben zum Heilen manifestiert.

Maximiere meine Fähigkeit, im Spiel des Lebens Spaß zu haben.

Verneine nutzlose und irrationale Ängste und Überzeugungen, die mein Inneres Kind noch hat.

Neutralisiere alle Blockaden, die ich davor habe, mit meinem Inneren Kind in Kontakt zu sein.

Neutralisiere all meine Blockaden, mein Inneres Kind klar zu sehen.

Neutralisiere all meine Blockaden, die mich hindern, Spaß am Spiel des Lebens zu haben.

Neutralisiere meine Blockaden, spielerisch zu sein.

Neutralisiere meine Blockaden, kindliche Neugier zu haben.

Neutralisiere Schamgefühl und wandle es in Selbstliebe.

Annulliere Traumata, die mein Inneres Kind erlebt hat.

Steigere das Bewusstsein meines Inneren Kindes.

Vereinige meine Seele wieder mit meinem Körper.

Sende Blaugrün, um neue Hobbys, Interessen und Freundschaften zu entwickeln.

Sende Blaugrün an mein Inneres Kind, damit es gesund und vollständig ist.

Sende meinem Inneren Kind Liebe.

Sende Wintergrau an alle Traumata, die mein Inneres Kind belasten.

Stärke mein Inneres Kind.

Synchronisiere meine Existenz mit meinem Inneren Kind.

# Karma

Ich betrachte Karma als einen Lernprozess, bei dem es in erster Linie darum geht, in zwischenmenschlichen Konflikten einen Zustand des Frieden zu erlangen und Liebe an jemanden zu senden, den man derzeit hasst / nicht ausstehen kann / durch den man sich verletzt fühlt usw. An allererster Stelle hast du es beim Karma mit zwischenmenschlichen Konflikten zu tun. Rechtsstreitigkeiten, schwierige Beziehungen und ein persönlicher Feind sind klare Indikatoren dafür, dass du Karma heilen musst. Mache dich jetzt an die Arbeit oder du musst für ein weiteres Leben zurückkehren und dich erneut damit befassen bis du an einen Ort des Friedens / der Neutralität damit gelangst, und sende denjenigen, die dich herausfordern, Liebe. Das Ziel ist, sich in ihrer Nähe nicht mehr angegriffen zu fühlen oder nicht mehr unter dem zu leiden, was sie dir angetan haben. Du musst das nur für sich selbst tun, die andere Person hat ihr eigenes Karma zu bewältigen. Bearbeitest du deinen Teil, hilft es dem anderen indirekt, aber nur, wenn er seinen Anteil selbst erledigt. Das liegt nicht in deiner Verantwortung. Es ist darüber hinaus sehr vernünftig, sich vor weiteren Schäden zu schützen. Das ist innere Arbeit. Kombiniere diese Heilung mit der Akasha-Heilung.

## Befehle

Ich erkenne, was ich erkennen muss, lerne, was ich lernen muss, um mich von allen karmischen Schulden und Bindungen an andere zu befreien.

Ich bezeuge, dass ich aus dieser Situation alle Lektionen lerne, die ich zu lernen habe.

Wandle meinen Zorn / meine Wut / mein Gefühl, verletzt zu sein / usw. in Selbstliebe / Fürsorge und Vergebung von _______ um.

Ich sende Liebe an _______.

Erhöhe das Bewusstsein zwischen mir und _______.

Erhöhe mein Bewusstsein auf das höchste Niveau.

Ich bezeuge, dass ich all meine karmischen Schulden und Bindungen in diesem Leben löse.

Magnetisiere meine Fähigkeit alles zu tun was getan werden muss, um mich aus karmischen Schulden zu befreien.

Deeskaliere alle intensiven Emotionen, die mir letztlich nicht dazu dienen, mein Karma aufzulösen.

Ich ermächtige andere, sich von der karmischen Bindung zu befreien, die wir über viele Lebenszeiten geschaffen haben, und sie jetzt aufzulösen.

# Karriere

Viele Menschen suchen Hilfe beim Pendel, wenn ihre Karriere in Schwierigkeiten steckt. Ich habe drei Hauptbereiche identifiziert, für die am meisten um unterstützende Pendelbefehle gebeten wird: zum Finden des passenden Karrierewegs, zum Finden einer Stelle und für das, was ich als Arbeitsleben bezeichne. Ich habe Themen der Führung eines Unternehmens und rund ums Geldverdienen getrennt im "Geschäfte" betitelten Abschnitt untergebracht. Nutze dieses Kapitel hier für alles, was mit Karriere, Jobsuche und Zufriedenheit am Arbeitsplatz zu tun hat. .Damit die Befehle die besten Ergebnisse erzielen, müssen sie mit entsprechenden Handlungen in der realen Welt kombiniert werden.

**Befehle**

Arbeitsleben

Stelle alle Mitarbeiter auf maximale Produktivität ein.

Deeskaliere die Büropolitik.

Lieber Gott, wenn es zum höchsten Wohl ist, lass meinen Chef erkennen, dass eine Gehaltserhöhung für mich zum höchsten Wohl des Geschäfts ist.

Nimm die Bedeutung aus den negativen Gedanken, Gefühlen und Erinnerungen zwischen den Kollegen.

Reduziere den Büroklatsch.

Gott, hilf mir zu glänzen, damit ich bei der Arbeit geschätzt werde.

Lass die Spannung am Arbeitsplatz los.

Harmonisiere die Beziehungen am Arbeitsplatz und energetisiere sie, damit alle miteinander auskommen.

Harmonisiere die Beziehungen in meinem Team.

Harmonisiere die Beziehungen in meinem Büro.

Intensiviere meinen Erfolg bei der Arbeit.

Verringere das schlechte Verhalten böser Mitarbeiter.

Sende Liebe und Heilung an böse Mitarbeiter.

Maximiere meineProduktivität.

Maximiere positive Gedanken, Gefühle und Erinnerungen unter den Mitarbeitern.

Verwandle die schlimmsten Menschen bei der Arbeit in meine engsten Verbündeten und unermüdliche Unterstützer.

Neutralisiere alle Blockaden, die ich vor Verkaufsabschlüssen habe.

Erhöhe das Bewusstsein meines Chefs / Managers.

Erhöhe das Bewusstsein meines Arbeitsplatzes.

Erhöhe das Bewusstsein meines Teams.

Lade die Möglichkeit auf, dass ich eine Gehaltserhöhung erhalte.

Verzögere Negativität unter Kollegen.

Sende an jeden Liebe, der mit meiner Arbeit in Berührung kommt.

Sende meinem Chef, Manager, meinen Kollegen usw. Liebe.

Ziehe das Faultier ab.

Verwandle meine Vorgesetzten in Menschen, die meine harte Arbeit und mein Talent erkennen.

Wandle Selbstzweifel in Selbstvertrauen.

<u>Finden einer Stelle</u>

Stelle mich auf genau die richtigen Leute ein, die mir helfen können, den perfekten neuen Job zu finden, der zu meinem höchsten Wohl gereicht.

Energetisiere meinen Lebenslauf damit er herausragt, so dass ich zu einem Vorstellungsgespräch eingeladen werde, wenn es zu meinem höchsten Wohl ist.

Lösche all meine Blockaden, die ich vor der Beziehungspflege habe und davor, synchron die perfekten Menschen zu treffen, die mir helfen, die perfekte Stelle zu finden.

Harmonisiere alle Beziehungen zwischen mir und jedem, der mir helfen kann eine Stelle zu finden.

Harmonisiere meine Beziehung mit der Firma.

Wenn es zu meinem höchsten Wohl ist, bekomme ich die Stelle.

Wenn es nicht zu meinem höchsten Wohl ist, bewahre mich davor, die Stelle zu bekommen.

Erhöhe das Maß an Liebe in der Personalabteilung.

Erhöhe die Anzahl meiner Synchronizitäten, die mich dahin leiten, eine gute, gut bezahlte Stelle zu finden.

Magnetisiere mein Treffen mit der richtigen Person, damit ich eine gut bezahlte, erfreuende Arbeit finde.

Magnetisiere dieses fehlgeschlagene Vorstellungsgespräch in ein anderes, besser zu mir passendes Vorstellungsgespräch.

Vervielfältige meine Energie und meinen Antrieb bei der Stellensuche und kanalisiere das in die Pflege der Beziehungen.

Erhöhe das Bewusstsein aller potenziellen Arbeitgeber ganz massiv, damit sie sofort wissen, dass ich für ihren Stellenbedarf perfekt geeignet bin, wenn sie mich sehen.

Neutralisiere jegliche Blockaden, die in der Personalabteilung davon abhalten meinen Lebenslauf zu lesen.

Optimiere meine Kommunikationsfähigkeit.

Erhöhe das Bewusstsein meines Lebenslaufs.

Erhöhe das Bewusstsein in der Personalabteilung.

Sende eine Botschaft an mein soziales Netzwerk, dass ich auf Stellensuche bin.

Sende graue Energie an den Bewerbungs- / Vorstellungsvorgang (das gilt für unklare Situationen, in denen es Klarheit schafft während des Wartens auf einen Bescheid).

Lade meine Branchenkenntnis auf, damit ich die perfekte Stelle finde.

Schaffe Synergien und perfekte Synchronizitäten, um mit alten Kollegen und Menschen in Kontakt zu treten, die mir helfen können, die perfekte Stelle zu finden.

<u>Karriereweg</u>

Bestärke mich in der Erkenntnis, was mein nächster Schritt auf dem Karriereweg ist.

Heile alles, was mich daran hindert, zielführend zu handeln.

Hilf mir, in meinem Herzen zu wissen, was ich tun soll, damit ich meiner Freude folgen kann.

Wandle meinen Karriereweg so, dass er zu meinem höchsten Wohl gereicht.

Erhöhe mein Bewusstsein auf den höchstmöglichen Grad, damit ich meinen idealen Karriereweg entdecke.

Reduziere alle Blockaden, die mich daran hindern meinen idealen Karriereweg zu entdecken.

# Kinder und Teenager

Nach meiner Ansicht sind Kinder uns nichts schuldig. Wir sind hier, um sie zu unterstützen, ihnen zu helfen zu wachsen, ihnen Sicherheit zu geben und sie zu ermutigen, ihr volles Potenzial zu erreichen. Wir haben auch die Pflicht, sie bedingungslos zu lieben. Wenn du jemals Probleme mit deinen Kindern hast, erhöhe dein Bewusstsein und sende ihnen Liebe. Damit kannst du nichts falsch machen.

Hier sind einige weitere Befehle, die im Umgang mit Kindern und Jugendlichen hilfreich sind.

**Befehle**

Kinder

Akzeptiere mein Kind wie es ist.

Halte jegliche Rabauken davon ab, meine Kinder zu verletzen.

Deeskaliere die Energie der Rabauken.

Reduziere die Haltung meines Kindes herum zu zappeln und sich daneben zu benehmen.

Reduziere die Wahrscheinlichkeit von Gewalt und Mobbing an der Schule meines Kindes auf Null.

Harmonisiere mein Kind mit dem Erwachsenwerden und dem Erleben der Pubertät.

Harmonisiere mein Kind mit seinen Geschwistern und seiner Großfamilie.

Harmonisiere die Beziehungen meines Kindes zu seinen Lehrern und Mitschülern.

Harmonisiere meine Beziehung zu meinen Kindern.

Harmonisiere die Beziehungen zwischen meinem Kind und seinen Mitschülern.

Harmonisiere die Beziehungen zwischen meinem Kind und seinen Lehrern.

Ich bezeuge meine Kinder / Jugendlichen sind frei von Mobbing.

Steigere die effektive Kommunikation innerhalb unserer Familie.

Steigere die Fähigkeit meines Kindes, andere zu respektieren.

Steigere die Fähigkeiten meines Kindes mitzuhalten auf das höchstmögliche Niveau.

Steigere das Gefühl meines Kindes gesehen und gehört zu werden.

Wenn es zu seinem höchsten Wohl ist, steigere den Fokus meines Kindes auf Akademiker auf das höchste Niveau.

Steigere die Tierliebe meines Kindes.

Steigere die Leselust meines Kindes.

Steigere die Liebe meines Kindes zum pfleglichen Umgang mit der Erde.

*Von Erich Hunter Ph.D.*

Steigere die Motivation meines Kindes, seine Hausaufgaben so gut wie möglich zu machen.

Steigere die Kommunikationsfähigkeit meines Kindes.

Steigere die Merkfähigkeit meines Kindes.

Erhöhe das Bewusstsein meines Kindes auf das höchstmögliche Niveau.

Steigere den Wissensdurst meines Kindes.

Erhöhe die Liebe meines Kindes zum Lernen.

Erhöhe das Bewusstsein meines Kindes, damit es jegliche Frustrationen oder Enttäuschungen mit Leichtigkeit und Anmut verarbeiten kann.

Steigere die Energie und den Nährwert des Mittagessens in der Schule auf das höchstmögliche Niveau.

Erhöhe das Maß an Liebe für die Mitschüler meines Kindes.

Erhöhe das Maß an Liebe der Lehrer.

Mache mein Kind unsichtbar für alle, die ihm Böses wollen.

Mache mein Kind für seine Lehrer sichtbar, um sicherzustellen, dass es im Unterricht positive Aufmerksamkeit erhält.

Neutralisiere jegliches Verlangen, mein Kind zu manipulieren.

Neutralisiere jeglichen Mangel an Selbstmitleid, wenn meine Kinder Fehler machen.

Neutralisiere jegliche negativen Gedanken, Gefühle und Erinnerungen zwischen mir und meinen Kindern.

Neutralisiere die Co-Abhängigkeit mit meinem Kind.

Neutralisiere Traumata aus der Schule.

Hebe das Bewusstsein der Mitschüler meines Kindes auf das höchstmögliche Niveau an.

Hebe das Bewusstsein ihrer Lehrer auf das höchstmögliche Niveau an.

Entferne alle Blockaden meines Kindes davor, das neue Lehrmaterial, das in der Schule unterrichtet wird, zu lernen und zu behalten.

Verzögere das Mobbing meiner Kinder.

Sende eine Schutzblase und umhülle mein Kind damit.

Sende eine Schutzblase und umhülle damit die gesamte Schule meines Kindes.

Sende blaugrüne Energie an mein Kind, damit es gute Entscheidungen trifft.

Sende blaugrüne Energie an die Lese-, Schreib- und Rechen-fähigkeit meines Kindes.

Sende Liebe an alle Mitschüler meines Kindes.

Sende Liebe an alle Lehrer meines Kindes.

Sende Liebe an alle Rabauken, die meine Kinder angreifen.

Sende blaugrüne Energie an die Schule meines Kindes, das Klassenzimmer und den Pausenraum.

Sende die Energie von Liebe und Frieden an mein Kind.

Wandle mich in jemanden, der das Göttliche in meinem Kind sieht.

Bestätige die Interessen und Talente meines Kindes.

<u>Teenager</u>

De-eskaliere die Spannung zwischen mir und meinem Teenager.

Entschärfe die Streitigkeiten zwischen mir und meinem Teenager.

Entschärfe das Selbstmitleid und die Angst meines Teenagers.

Entkräfte schlechte Entscheidungen meines Teenagers.

Ermächtige meinen Teenager, verantwortlich zu sein und gute Entscheidungen zu treffen.

Energetisiere ein gesundes Ego und die Lebenslust meines Teenagers.

Harmonisiere meine Beziehung zu meinem Teenager.

Ich baue Vertrauen zu meinem Teenager auf.

Ich bezeuge, dass ich im Zusammenleben mit meinem Teenager selbst befolge, was ich verlange.

Ich bezeuge die richtige soziale Entwicklung meines Teenagers.

Ich bezeuge, dass mein Teenager verantwortliche Entscheidungen trifft.

Steigere meine Fähigkeit, meinem Teenager zu vertrauen.

Steigere den Bewusstseinsgrad meines Teenagers auf das höchstmögliche Niveau.

Intensiviere den Sinn oder die Reife und die Verantwortlichkeit meines Teenagers.

Mache es zunichte, wenn mein Teenager verrückte Entscheidungen trifft.

Neutralisiere die Wut, die mein Teenager auf mich hat.

Erhöhe mein Bewusstsein in meinem elterlichen Verhalten auf das höchstmögliche Niveau.

Erhöhe das Bewusstsein von Mobbern auf das höchstmögliche Niveau.

Sende graue Energie an jegliche schädliche Freundschaft meines Teenagers.

Sende graue Energie an meinen Drogen nehmenden Teenager.

Lenke die sexuelle Energie meines Teenagers in gesunde Bahnen des sexuellen Ausdrucks.

Wandle den Zorn meines Teenagers in Leidenschaft fürs Leben.

Wandle die rücksichtslose Energie der Jugend in weise Lebensentscheidungen.

Mache negative Überzeugungen bezüglich des Körperbildes rückgängig.

Einige meine Familie.

Schwäche das Verlangen meines Teenagers nach Drogen und Alkohol.

Harmonisiere meinen Teenager mit der von ihm gewählten Geschlechtsdefinition oder dem nicht-binären Status.

# Kommunikation

Kommunizieren ist eine unserer wichtigsten Aktivitäten. Kann man nicht klar kommunizieren, wird man nicht verstanden und die eigenen Bedürfnisse werden nicht erfüllt. Außerdem versteht man die Bedürfnisse anderer nicht und kann sie nicht erfüllen. Mit ein paar einfachen Befehlen kann man klar kommunizieren.

**Befehle**

Ändere meinen Tonfall in einen, der angenehm zu hören ist.

Wirke Missverständnissen entgegen.

Schaffe Verständnis.

Harmoninisiere meine Fähigkeit, mit _______ zu kommunizieren.

Harmonisiere meinen Körper, damit ich mit positiver Körpersprache zeige, dass ich ansprechbar und interessiert bin an dem, was die andere Person sagt.

Harmonisiere die Beziehung zwischen _______ und _______.

Steigere meine Fähigkeit, genaue Informationen aus der Körpersprache anderer zu empfangen.

Steigere meine Fähigkeit, nützliche Fragen zu stellen, die meinem höchsten Wohl dienen.

Steigere meine Fähigkeit, gehört zu werden, auf das höchste Niveau.

Steigere meine Fähigkeit, ein aktiver Zuhörer zu sein.

Steigere meine Fähigkeit, ehrlich und liebevoll zu kommunizieren.

Steigere meine Fähigkeit zu hören auf das höchste Niveau.

Steigere meine Fähigkeit, Konflikte erfolgreich zu lösen.

Erhöhe mein Bewusstsein, um ein guter Kommunikator zu sein.

Maximiere meine Fähigkeit, klar zu kommunizieren.

Neutralisiere alle Blockaden, die ich vor dem Kommunizieren habe.

Neutralisiere jegliche negativen Gedanken, Gefühle und Erinnerungen zwischen ______ und ______ und wandle sie in neutrale Gedanken, Gefühle und Erinnerungen.

Erhöhe unser Bewusstsein auf die höchstmögliche Ebene.

Erhöhe das Bewusstsein der Person, mit der ich kommuniziere, auf die höchstmögliche Ebene.

Entferne alle Blockaden, die ich davor habe, Konflikte auf gesunde Weise zu lösen.

Sende mir blaugrüne Energie, damit ich verstanden werde.

Sende mir blaugrüne Energie, damit ich klar kommuniziere.

Sende graue Energie an jegliches Missverständnis.

Synchronisiere den Fluss der Konversation.

Wandle Verwirrung in Verständnis.

# Kristalle

Die große Offenbarung, die ich über die Verwendung von Kristallen zum Heilen hatte, ist, dass man Licht verwenden muss, um sie vollständig zu reinigen. Das liegt daran, dass echte Kristalle Daten in Form von Licht in ihrer Molekularstruktur speichern können. Wenn diese Daten nicht gelöscht werden besteht die Gefahr, dass die vom Kristall aufgenommenen Informationen verbreitet werden. Das wäre schlecht, insbesondere, wenn es sich um Signale für Krebs oder etwas Schädliches handelt. Kristalle ohne Licht zu klären, z. B. durch Salzwasser, Eingraben, Verwischen, entfernt die Lichtdaten nicht. Damit werden nur psychometrische Daten gelöscht (d.h. psychische / energetische Informationen, die der Kristall aufgenommen hat), aber es eignet sich nicht, um Lichtdaten zu löschen. Wenn man ein Pendel verwendet, das alles Licht reflektiert, wird „Weiß" ebenso wie Sonnen- oder Mondlicht einen Kristall von Lichtdaten reinigen. Man kann auch einen Befehl anfügen, um ebenfalls psychometrische Daten zu löschen.

## Befehle

Befreie diesen Kristall / dieses Mineral von jeglichen schädlichen Energien, Gedankenformen oder Programmen, die nicht zum höchsten Wohl aller sind.

Programmiere diesen Kristall / dieses Mineral auf _______ zum höchsten Wohl aller Beteiligten.

Erhöhe das Bewusstsein dieses Kristalls.

Erhöhe den Grad an Liebe in diesem Kristall.

Magnetisiere die Heilkraft dieses Kristalles.

Lade diesen Kristall auf, so dass er sich optimal zum Heilen eignet.

# Lebensende

Wenn Wesen sich ihrem Lebensende nähern, sind vier Dinge wesentlich.

1) Lösung langjähriger emotionaler Traumata und / oder angespannter Beziehungen.

2) Ein erhöhtes Bewusstsein, um den Übergang in das nächste Leben zu unterstützen.

3) Steigerung der Gefühle von Frieden und Wohlbefinden bei der Person.

4) Unterstützung der Hinterbliebenen.

Westliche Gesellschaften haben das Sterben stigmatisiert, aber es ist ein natürlicher Prozess, und wenn klar ist, dass lebensrettende Maßnahmen nichts nützen, kann man der Person / dem Tier helfen, Frieden zu finden, und ihr Bewusstsein anzuheben ist das Humanste, was man tun kann.

Es ist wichtig, die Hinterbliebenen zu heilen. Besonders, da Trauer Teil des Heilungsprozesses ist und von der modernen Gesellschaft ausgegrenzt wird.

Beachte, dass du für einen Verstorbenen auch noch nachträglich eine Heilung am Lebensende durchführen kannst. Das liegt daran, dass Wissenschaftler darauf hinweisen, dass die Vergangenheit für immer existiert (so genannte Blockzeit). Wenn man also Verstorbene heilt, kann man ihnen auf ihrem Seelenweg helfen, ihre Vergangenheit zu lösen.

## Befehle

Harmonisiere die Beziehungen zwischen der Person _______ und ihren Betreuern.

Harmonisiere die Freilassung des Energiekörpers vom physischen Körper.

Steigere die Akzeptanz des Kreislaufs von Leben und Tod auf das höchstmögliche Niveau.

Erhöhe den Grad an Liebe von _______.

Neutralisiere jegliche Angst oder Sorge vor dem Sterben.

Neutralisiere Blockaden, mit dem Leben und mit Familienmitgliedern Frieden zu schließen.

Erhöhe das Bewusstsein von _______ auf den höchsten Grad.

Erhöhe das Bewusstsein der Seele / des Bewusstseins / des Geistes usw. der Person auf das höchstmögliche Niveau.

Erhöhe das Bewusstsein jeglichen medizinischen Personals auf den höchsten Grad.

Löse alle ungelösten Emotionen.

Sende blaugrüne Energie. Sende Grau.

Sende Liebe an _______.

Sende Liebe an alle überlebenden Familienmitglieder und Freunde.

Sende Entspannung und Frieden.

Wandle Angst in Liebe um.

Wandle die Angst vor dem Tod in Freude über die Reinkarnation um.

# Manifestation

In einem sehr realen Sinne ist Pendelheilung eine ziemlich reine und perfektionierte Version des New Age „Gesetzes der Anziehung" oder der Manifestierungspraktiken. Der Vorteil der Pendelheilung besteht darin, dass sie das Unterbewusstsein umgeht und es ermöglicht, Absichtserklärungen über das was du willst, bewusst zu aktivieren und dabei das Unterbewusstsein und seine Begrenzungen vollständig zu umgehen. Bitte beachte, dass die einfachste Art und Weise zu manifestieren darin besteht, anzugeben was du möchtest, während du das Pendel hältst. Diese Befehle lassen deinen Erfolg wahrscheinlicher werden. Benutze sie, wenn du das Gefühl hast, dass deine Pendelarbeit oder deine Manifestierungsarbeit nicht zu den gewünschten Ergebnissen führt.

## Befehle

Richte mich auf die Energie des Empfangens aus.

Richte mich auf die Schwingung dessen aus, was ich manifestieren möchte.

Stimme mich auf die Gelegenheiten ein, das zu manifestieren, was ich wünsche.

Ändere mich in jemanden, der leicht manifestieren kann.

Lieber Gott, (füge ein, was du willst) zu meinem höchsten Wohl und zum höchsten Wohl aller.

Devitalisiere unbewusste Blockaden, die ich vor der Manifestierung habe.

Aktiviere meine Manifestations-Superkräfte.

Dehne meine Aura aus, so dass ich ______ manifestiere.

Ich bezeuge, dass ich ______ manifestiere.

Intensiviere meine Manifestationsschwingung für ______.

Magnetisiere mich, so dass ich ______ anziehe.

Multipliziere meine Gelegenheiten, um ______ zu manifestieren.

Neutralisiere unbewusste Blockaden vor dem Empfang von ______.

Optimimiere meine Fähigkeit, ______ zu manifestieren.

Erhohe meine "Schwingung" auf das höchste Niveau.

Sende Blaugrün an den Empfang von ______.

Sende Wintergrau an all meine Blockaden, zu manifestieren.

Lade meine Manifestationskräfte auf.

Wandle mich in jemanden, der ______ manifestieren kann.

Vitalisiere meine Manifestations-Superkräfte.

# Meditation

Meditation kann durch Pendelbefehle verbessert werden. Du kannst Meditation sowohl zur Erlangung eines meditativen Zustands benutzen als auch zur Vertiefung der Praxis. Du kannst ebenfalls eines der Heilpendel tragen, die ich verkaufe. Sie verfügen über gute Energie, um die Aura und die Chakren während der Meditation auszubalancieren, wodurch die Meditation erfolgreicher wird.

## Befehle

Erhöhe mein Bewusstsein auf die höchstmögliche Ebene.

Reduziere die Körperspannung.

Balanciere / harmonisiere den Energiefluss durch die Kundalini und das Chakra-System.

Richte mich auf die Stille aus, die ist.

Aktiviere meine Verbindung zu den großen Meistern der _______ Tradition.

Verringere die Aktivität des Affenverstandes.

Steigere Ruhe und Stille.

Bringe mir Frieden und Ruhe.

Lass mich mit meinem Atem in Harmonie sein.

Ich bemühe mich leicht und mühelos.

Meditation geschieht einfach und mühelos als Teil meiner täglichen Übung.

# Naturgeister

Moderne Menschen haben im Allgemeinen keine Beziehung zu den Naturgeistern. Sie sind jedoch auch in städtischer Umgebung vorhanden, und du kannst eine vorteilhafte Beziehung zu ihnen aufbauen.

In vielen Fällen wurden die Naturgeister durch Umweltschäden stark beeinträchtigt. Würde man zum Beispiel alle Bäume abholzen, um Raum für den Bau deines Hauses zu schaffen, würde dies das Zuhause der Naturgeister zerstören. Die Heilung der Naturgeister ist daher Bestandteil der Heilung geopathischen Stresses und der Heilung des Hauses usw. Wenn du Zeit im Freien verbringst, einen Bauernhof hast und / oder Tiere wie Pferde, ist eine Beziehung zu Naturgeistern ein Muss.

Naturgeister sind auch wirklich sehr wichtig bei der Bestimmung, ob du an einem Ort leben kannst, insbesondere die Devas. Wenn du irgendwo leben sollst, dann helfen sie dir. Wenn nicht, dann machen sie das sehr deutlich und dein Leben wird schwer, bis du umziehst.

Mit den folgenden Befehlen kannst du die richtigen Beziehungen herstellen.

## Befehle

Stimme mich auf die freundlichen Feen / Feenvölker ein.

Verbessere meine Fähigkeit, alles zu erkennen, zu sein, wahrzunehmen oder zu empfangen, was ich über meine lokalen Naturgeister wissen muss.

Devas gebt mir klare Zeichen, wenn ich gehen soll.

Devas gebt mir klare Zeichen, wenn ich bleiben soll.

Ermächtige die wohlwollenden Naturgeister, auf meinem Land zu leben.

Bringe die freundlichen Naturgeister in Schwung, um die Trolle in Schach zu halten.

Harmonisiere meine Beziehung zu den Baumgeistern / Felsen / Kristallen / Wassergeistern / Feen / lokalen Devas.

Harmonisiere die Beziehungen zwischen den lokalen Naturgeistern und meinen Pferden.

Harmonisiere die Beziehungen der lokalen Naturgeister.

Erhöhe meine Fähigkeit, die Land-Devas zu hören, zu fühlen und zu spüren, auf das höchste Niveau.

Steigere meine Affinität und mein Bewusstsein für mein Krafttier.

Erhöhe meine Empfänglichkeit für lokale Naturgeister.

Erhöhe meine Empfänglichkeit für die Botschaften meines Krafttieres.

Mache mich für alle schädlichen Naturgeister unsichtbar.

Mache mein Land und meine Tiere unsichtbar für die Trolle.

Maximiere meine Fähigkeit, Naturgeister zu sehen.

Neutralisiere all meine Blockaden, lokale Naturgeister zu entdecken.

Neutralisiere all meine Blockaden, die Felsenergie zu fühlen und mir ihres Bewusstseins bewusst zu werden.

Neutralisiere all meine Blockaden, mein Krafttier zu finden.

Neutralisiere all meine Blockaden, Feen zu sehen.

Neutralisiere Traumata der Naturgeister / Baumgeister durch die Landzerstörung.

Optimiere die Energien meines Landes, um wohlwollende Naturgeister anzuziehen.

Sende den Devas Liebe.

Sende den Feen Liebe.

Sende Wintergrau an alle Trolle auf meinem Grundstück.

Sensibilisiere mich, damit ich mit meinem Krafttier im Einklang bin, so dass es mich auf meinem Weg hilfreich anleiten kann.

# Planeteneinflüsse

Selbst wenn du der Astrologie nur gelegentlich folgst, bist du dir wahrscheinlich planetarischer Einflüsse wie des rückläufigen Merkur bewusst, der dein Leben beeinflussen kann. In diesem Abschnitt gehen wir auf einige der großen planetarischen Einflüsse ein, die dein Leben verändern könnten. Es würde jedoch den Rahmen sprengen, hier alles zu erklären, so dass ich für Erklärungen der Befehle auf andere Werke oder Google verweisen muss. Die Heilung planetarer Einflüssen kann dein Leben jedoch viel ruhiger machen, es lohnt sich also.

## Befehle

Harmonisiere mich mit der Saturn-Wiederkehr.

Harmonisiere meine Kommunikation mit anderen während des rückläufigen Merkur.

Harmonisiere den Pluto-Transit mit meinem Lebensweg.

Erhöhe mein Vergnügen am sozialen Leben und an der Liebe während des Venus-Transits.

Steigere meine Fähigkeit, weise Entscheidungen zu treffen während meiner Saturn-Wiederkehr.

Steigere die Anzahl nützlicher Menschen, die unter dem rückläufigen Merkur in mein Leben zurückkehren.

Steigere die Anzahl zurückkehrender Kunden in meinem Geschäft unter dem rückläufigen Merkur.

Ziehe Reichtum, Glück und Fülle an während des Jupiter-Transits.

Maximimiere die vorteilhaften Auswirkungen der transitierenden Sonne / des transitierenden Mondes.

Maximimiere meine Kommunikationsfähigkeit während eines Merkur-Transits.

Maximiere meinen Energieschub während des Mars-Transits.

Maximiere die erstaunlichen Vorteile der Jupiter-Wiederkehr.

Minimiere die schädlichen Auswirkungen eines Saturn-, Uranus- oder Neptun-Transits.

Optimiere meine Fähigkeit etwas vollenden, das ich unter rückläufigem Merkur begonnen habe.

Optimiere die Auswirkungen des rückläufigen Merkur auf mein Leben und mein Geschäft.

Neutralisiere schädliche Auswirkungen der transitierenden Sonne / des transitierenden Mondes.

# Problemlösung

Jeden Tag stehen wir vor Herausforderungen und dieser Abschnitt wird dir bei der Lösung deiner Probleme helfen. Benutze diese Befehle jederzeit. Es sind großartige Allzweckbefehle.

## Befehle

Lass diese Person fühlen, was sie fühlen muss, und sehen, was sie sehen muss, um zu erkennen, dass sie geliebt wird.

Bringe meine Kreativität auf das höchstmögliche Niveau.

Befreie mich von ____________, wenn es zu meinem höchsten Wohl und dem höchsten Wohl aller Beteiligten ist.

Gib mir den Mut, mir selbst treu zu bleiben, auch wenn ich nicht in meiner Komfortzone bin.

Hilf mir zu erkennen, was ich erkennen muss, zu tun, was ich tun muss, zu sein, wer ich sein muss, um diese Situation zu lösen.

Hilf dieser Person, das Gute in jeder Situation zu erkennen.

Hilf dieser Person zu fühlen, was sie fühlen muss, zu sehen, was sie sehen muss, um zu erkennen, dass sie geliebt wird.

Ich erkenne das Gute in jeder Situation.

Ich gebe meine Sorge auf.

Erhelle meinen Weg.

Erhöhe meine Fähigkeit, die Konsequenzen meiner Entscheidungen klarer zu erkennen.

Erhöhe mein Bewusstsein für Menschen und Mittel, die mir helfen können.

Erhöhe mein Bewusstsein auf das höchstmögliche Niveau.

Erhöhe meinen Mut auf das höchstmögliche Niveau.

Steigere den Grad meiner Kreativität zu meinem höchsten Wohl.

Erhöhe meine Fähigkeit rational zu denken auf das höchstmögliche Niveau.

Steigere meine Willenskraft auf das höchste Niveau.

Neutralisiere meinen Wunsch, Recht zu haben.

Neutralisiere meine Angst, falsch zu liegen.

Steigere meinen Mut auf das höchstmögliche Maß.

Erhöhe mein Bewusstsein auf das für mein Wohlbefinden höchstmögliche Niveau.

Erhöhe mein Bewusstsein, damit ich die Ergebnisse meiner Entscheidungen klar und deutlich sehe.

Erhöhe mein Bewusstsein auf die höchste Ebene, damit ich weiß, was ich im Leben will.

Reduziere meinen Stress / meine Angst auf das niedrigstmögliche Niveau.

Entferne alle Bewusstseinsblockaden.

*Von Erich Hunter Ph.D.*

Sende Liebe und Heilung an die Person / Institution, die mir Falsches angetan hat und mein Denken trübt.

Bringe mich zurück in die Gegenwart.

Wandle die Energie der Langeweile in Energie kreativer Impulse.

Wandle die Energie niederer Bewusstseinsebenen in solche der höchsten Bewusstseinsebenen.

# Rechtliches

Die beste Art und Weise einen Rechtsstreit zu gewinnen ist, die Sache völlig entgegengesetzt wie alle anderen zu behandeln. Die meisten Menschen kommen durch ein sehr niedriges Bewusstseinsniveau zu rechtlichen Problemen und sind bereit zu kämpfen. Der Weg, um integer zu gewinnen, besteht darin, Liebe an die gegnerische Seite zu senden, ihr Bewusstsein zu schärfen und Pendelheilungen durchzuführen, damit die Ergebnisse zum höchsten Wohl aller Beteiligten führen. Je mehr du das Bewusstseinsniveau der gesamten Angelegenheit erhöhst, desto wahrscheinlicher wirst du Erfolg haben und darüber hinaus leistest du einen Beitrag Karma aufzulösen und anderen Menschen zu helfen. Das kann den Effekt sich ausbreitender Wellen haben. Kombiniere dies mit Karma- und Akasha-Heilung.

Zuletzt sei angemerkt, dass alles was während des Rechtsprozesses Unsicherheit erzeugt tatsächlich gut ist. Wo Unsicherheit herrscht, kann Änderung passieren. Sei nicht enttäuscht, wenn es scheinbar Verzögerungen gibt oder die Dinge schief laufen. Gehe einfach davon aus, dass du in jeder dieser Situationen dem näherkommst, ein Ergebnis, das zum Wohl aller Beteiligten gereicht, zu erzielen. Mache während des ganzen Verfahrens mit dem Pendeln weiter und trage entweder eine Kette mit einem Minipendel oder benutze deine Finger als Pendelersatz, wenn du im Gericht oder einer Anwaltskanzlei bist, wo ein normales Pendel zuviel Aufmerksamkeit erregen würde.

*Von Erich Hunter Ph.D.*

## Befehle

Richte alle Beteiligten auf das beste Ergebnis aus.

De-eskaliere die Spannung im Gerichtssaal.

Mindere alles, was nicht der Wahrheit entspricht.

Befähige mich, mein Anwaltsteam und mich als erfolgreich zu sehen.

Energetisiere den Richter, damit er fair ist und Entscheidungen mit hohem Bewusstsein trifft.

Energetisiere die Jury, damit sie ein faires und gerechtes Urteil fällt.

Harmonisiere meine Beziehungen zu meinem eigenen Rechtsbeistand.

Harmonisiere meine Beziehungen zum Rechtsbeistand der gegnerischen Seite.

Harmonisiere die Beziehungen aller im Gerichtssaal / in der Heilung / in der Absetzung usw.

Ich segne die Gegner und vergebe ihnen vollständig und bedingungslos.

Ich erhöhe das Bewusstsein aller Anwälte, Richter, Geschworenen, Gerichtsschreiber, Rechtsanwaltssekretäre, Rechtsanwaltsfachangestellten, Rechtsassistenten, Gerichtsschreiber, Mitarbeiter des Gerichtssaals, der Gegenpartei, meines eigenen Rechtsanwalts und aller Personen, die mir bekannt oder unbekannt sind und sich mit meiner Rechtsfrage befassen.

Ich sende blaugrüne Energie an alle Anwälte, Richter, Geschworenen, Gerichtsschreiber, Rechtsanwaltssekretäre, Rechtsassistenten, Gerichtsschreiber, Anwaltsfachangestellten, Mitarbeiter des Gerichtssaals, an die Gegenpartei, meinen eigenen Anwalt und jeden, der mir bekannt oder unbekannt, aber an meinem Rechtsverfahren beteiligt ist.

Ich sende mir selbst beruhigende Energie.

Ich sende Liebe sowohl an die Staatsanwaltschaft als auch an die Verteidigung.

Ich sende dem gegnerischen Anwalt Liebe.

Ich sende allen Anwälten, Richtern, Geschworenen, Gerichtsschreibern, Rechtsanwaltssekretären, Rechtsassistenten, Gerichtsschreibern, Mitarbeitern des Gerichtssaals, der Gegenpartei, meinem eigenen Anwalt und allen Personen, die – mir bekannt oder unbekannt - mit meinem Rechtsfall befasst sind, bedingungslose Liebe.

Ich ordne mich dem Ergebnis dieses Rechtsverfahrens unter, damit es zum höchsten Wohl aller Beteiligten gereicht.

Maximiere die Fähigkeit meiner gesetzlichen Vertretung, meinen Fall zu behandeln.

Neutralisiere Wut und Opferbewusstsein.

Neutralisiere Spannung.

Annuliere alle unfairen rechtlichen Vorgehensweisen.

Erhöhe das Bewusstseinsniveau des Angeklagten.

Erhöhe das Bewusstseinsniveau der Person im Zeugenstand.

Mache unfaires Vorgehen unwirksam.

Sende blaugrüne Energie an ein günstiges Ergebnis dieses Verfahrens, wenn es zum höchsten Wohl aller ist.

Sende blaugrüne Energie, um diesen Antrag zu unterstützen.

Sende blaugrüne Energie an die Computer, die nach rechtlichen Dokumenten suchen.

Sende blaugrüne Energie an den Richter.

Sende allen Rechtsassistenten Liebe.

Sende wintergraue Energie, um diesen Antrag zurückzuweisen.

Sende wintergraue Energie an dieses Verfahren, damit es endet.

Sende Wintergrau an alle Korruption im Rechtsfall, die dieses Verfahren beeinträchtigt.

# Reiki

Reiki ist eine Heilmethode, die sich wunderbar mit Pendelheilung verbinden lässt. Beide ergänzen sich, da sie unterschiedliche Arten der Energie nutzen. Benutze das Pendel, um eine Person auf eine Reiki-Sitzung vorzubereiten, um Reiki zu senden, um die Person bei der späteren Integration zu unterstützen und ebenso, um Heilung an deine Reiki-Linie zu senden und so den Fluss und die Stärke des Reiki von der Quelle an zu steigern.

## Befehle

Stimme mich auf den Reiki-Fluss meiner Linie ein.

Überflute jede Zelle, jedes Gewebe, jedes Organ und jeden Körperteil mit Leben spendender Reiki-Energie.

Überflute mich mit Reiki.

Harmonisiere den Fluss von Reiki durch mein Energiesystem und meine Hände.

Ich bezeuge, dass Reiki-Energie in endlosen Strömen zu meinen Klienten fliesst zu deren Heilung.

Ich sende eine energetische Botschaft an alle Menschen, die davon profitieren würden, bei mir Reiki zu lernen, damit sie über das Geld, die Motivation und die Mittel verfügen, um mich für eine Reiki-Ausbildung auszusuchen.

Ich bezeuge, die perfekte Reiki-Einweihung zu erhalten.

Erhöhe die Fähigkeit von ______, Reiki von mir zu empfangen, auf das höchstmögliche Niveau.

Intensiviere den Fluss des Reiki durch meine Hände.

Magnetisiere mich so, dass ich Reiki kraftvoll von der Quelle anziehe.

Magnetisiere meine Hände, damit Reiki mühelos aus ihnen herausfließt.

Erhöhe die Heilkraft der Reiki-Energie.

Vergrößere die Kraft meiner Reiki-Symbole.

Mache mich zu einem klaren Kanal für Reiki aus der Quelle.

Steigere den Fluss von Reiki durch mich und meine Hände massiv.

Maximiere die Wirksamkeit meines Reiki.

Maximiere den Reiki-Fluss durch mein Energiesystem.

Maximiere den Fluss der universellen Lebensenergie aus dem Kosmos durch meine Krone in mein Herz hinein und aus meinen Händen heraus.

Neutralisiere all meine Blockaden davor, ein klarer Reiki-Kanal zu sein.

Neutralisiere all meine Blockaden, diese Einweihung zu empfangen.

Neutralisiere alle Blockaden vor Reiki in meiner Abstammungslinie.

Neutralisiere alle Blockaden des Reiki-Meisters, ein klarer Kanal für das Reiki zu sein.

Neutralisiere alle Blockaden, damit die universelle Lebensenergie frei aus dem Kosmos durch meine Krone in mein Herz und aus meinen Händen heraus fließt.

Neutralisiere alle Hindernisse / Blockaden für die göttlich richtigen Schüler, damit sie mich finden, um Reiki zu lernen.

Optimiere meine Fähigkeit, Reiki zu übertragen.

Reinige mich zu einem klaren Kanal für Reiki.

Reinige die Energie meiner Reiki-Linic.

Erhöhe das Bewusstsein und reinige die Verbindung zur Quelle aller Reiki-Meister in der Linie, in die auch ich eingeführt werde.

Erhöhe das Bewusstsein meiner Verbindung zum Reiki.

Erhöhe das Bewusstsein der anderen Schüler und aller die an der Einweihungszeremonie beteiligt sind sowie den Ort der Einweihung auf das höchstmögliche Niveau.

Erhöhe das Bewusstsein des Reiki-Meisters auf das höchstmögliche Niveau.

Ströme von Reiki-Energie fließen durch mich hindurch und in jeden, den ich berühre.

Sende blaugrüne Energie, damit die perfekten Leute meinen Reiki-Kurs finden und zur Einweihung erscheinen.

Sende blaugrüne Energie an die Person, die meine Einweihung durchführt.

Sensibilisiere mich für die Reiki-Energie.

Reiki-Energieströme fließen mühelos und problemlos von meinen Händen in meine Klienten und regen Heilung an.

Stärke den geklärten Weg von der Quelle durch die Linie meiner Reiki-Meister zu mir.

Lade mein Energiesystem auf, damit ich die vollständige Reiki-Ermächtigung erhalte.

Lade meine Reiki-Symbole auf.

Synchronisiere mich mit den fünf Reiki-Prinzipien.

Synergetisiere Reiki mit meinem Energiesystem.

Synergetisiere Reiki mit den Chakren der Person, um Heilung anzuregen.

Wandle mich in einen reinen Kanal für das Reiki aus der Quelle.

Verwandle mich in den perfekten Kreislauf zum Übertragen von Reiki.

# Reisen

Pendelbefehle funktionieren hervorragend, um das Reisen sicher, schnell und effektiv zu gestalten. Benutze sie jedesmal, wenn du irgendwohin verreist. Du wirst schockiert sein, wie gut das bei Flügen und Autotouren funktioniert. Wahrscheinlich eines der wichtigsten Dinge, die du zur Vorbereitung einer Reise tun kannst. Denke daran, immer anzugeben, was geschehen soll, z. B. Ich erreiche spielend all meine Flüge und Verbindungen. Diese Arbeit kann das Reisen zu einer viel lohnenderen und stressfreieren Erfahrung machen.

**Befehle**

<u>Autofahrten</u>

Ich schaffe es in perfektem Timing zu meinem Ziel.

"Beuge die Zeit", so dass ich pünktlich an meinem Ziel ankomme.

Beschütze mich, schütze alle Insassen in meinem Auto, schütze mein Auto, und schütze alle Menschen, Fahrzeuge und Tiere auf der Straße um mich herum.

Erhöhe das Bewusstsein von jedermann auf der Straße auf das höchste Niveau.

Mache mein Auto für jeden sichtbar, der es anfahren könnte.

Mache mein Auto für alle Radfahrer und Fußgänger sichtbar.

Schärfe mein Bewusstsein für alle Tiere, Fußgänger und Radfahrer. Ich bezeuge, dass ich niemanden anfahre.

Mache mein Auto unsichtbar für Strafzettel verteilende Polizisten.

Ich bezeuge, dass sich dieser Verkehrsunfall zum höchsten Wohl aller auswirken wird.

Sende Heilung an die an diesem Unfall beteiligten Menschen.

Ändere die Energie meines Autos in Blaugrün.

Ich bezeuge, dass mein Auto einwandfrei funktioniert.

<u>Flugreisen</u>

Harmonisiere meine Beziehungen zu allen Sicherheitsleuten.

Ich erreiche all meine Verbindungen pünktlich mit Leichtigkeit, Freude und Anmut.

Ich mache alle meine Flüge / Verbindungen mit göttlichem Timing. Wenn es zu meinem höchsten Wohl ist, bin ich in der Lage, Flüge ohne Aufpreis zu ändern.

Ich bezeuge, dass ich die besten Ticketpreise erhalte.

Ich bezeuge, dass ich schnell durch die Sicherheitskontrolle gelange.

Ich bezeuge, dass der Flug sicher und reibungslos verläuft.

Ich bezeuge, dass alle Flüge pünktlich sind.

Wenn es zu meinem höchsten Wohl ist, erhalte ich ein kostenloses Sitz-Upgrade.

Magnetisiere mich, damit ich perfekte Sitzplätze bekomme.

Mein Gepäck trifft ohne Beschädigung oder Verlust pünktlich am Ziel ein.

Erhöhe das Bewusstsein der Piloten, der Airline-Crew, der Gepäckabfertiger, der Passagiere und aller Personen, mir bekannt oder unbekannt, auf das höchste Niveau.

Sende blaugrüne Energie an das Flugzeug.

Sende blaugrüne Energie, damit der Flug pünktlich ist.

# Schutz

Die Pendelheilung wirkt sehr gut, wenn es darum geht, psychische Angriffe zu stoppen, und sie kann auch die Wahrscheinlichkeit körperlicher Schäden verringern (bitte triff jedoch alle Sicherheitsvorkehrungen und verlass dich nicht nur auf das Pendel)). Diese Befehle sind sowohl für Personen als auch für Tiere und leblose Objekte anwendbar. Sehr praktisch, um kein Ticket für falsches Parken zu erhalten, um Einbruch zu vermeiden oder wenn ein psychischer Vampir hinter einem her ist. Wende diese Befehle an und sei sicher. Es ist viel einfacher als die Leute glauben und es kann sehr effektiv sein.

**Befehle**

Erschaffe einen Schutzschild um mich herum.

Lieber Gott, erhöhe das Bewusstsein der Person, die mich psychisch angegriffen hat, auf das höchstmögliche Niveau.

Alle schädlichen Absichten und Energien werden neutralisiert.

Befreie mich von magischen Angriffen.

Ich bin jetzt frei.

Ich bin geschützt.

Ich binde _______, um ihn/sie daran zu hindern, _______ zu tun.

Ich sende Liebe an jeden, der mich mit einem Fluch, einer Hexerei, einem Zauberspruch oder schwarzer Magie belegt.

Wenn es zum höchsten Wohl aller Betroffenen ist, mache _________ unsichtbar für _________.

Bewahre _______ sicher und geschützt.

Mache mein Auto unsichtbar für _______.

Mache mich unsichtbar für _______.

Neutralisiere alle gegen mich gemachten Verfluchungen.

Neutralisiere die Áuswirkung des bösen Blicks.

Beschütze mich vor allen Verfluchungen, Hexerei, Zaubersprüchen oder schwarzer Magie.

Beschütze mich, die Passagiere, mein Auto und jedes andere Auto, jede Person und jedes Tier auf der Straße.

Beschütze mein Auto vor Einbruch.

Beschütze mein Haus vor Überflutung, Feuer und Diebstahl, während ich weg bin.

Beschütze _________ vor _________.

Erhöhe das Bewusstsein für schädliche Schnüre.

Sende graue Energie an alle Verfluchungen, Hexereien und Zaubersprüche.

*Von Erich Hunter Ph.D.*

Sende graue Energie an alle schädlichen Schnüre.

Mache alle Bekreuzigungen, Verfluchungen, Hexereien, Zaubersprüche oder schwarze Magie, die auf mich zielen, rückgängig.

Was mein ist, kann nicht verloren gehen.

Ich erhalte zurück, was auch immer mir durch psychischen Angriff genommen wurde / verloren ging, wenn es zu meinem höchsten Wohl und zum höchsten Wohl aller ist.

# Spuk

Spuk ist laut David Hawkins relativ leicht zu heilen, wenn die dort lebenden Menschen bereit sind, mitzumachen und an sich zu arbeiten, um das Bewusstsein zu erhöhen. Grundsätzlich sind Menschen mit niedrigem Bewusstsein und die Orte, an denen sie leben, der gemeinsame Nenner von Spukhäusern. Niedriges Bewusstsein ist durch Emotionen wie Depressionen, Angst, Wut, Gier, Rache, Perversion, Stolz, Gewalt usw. gekennzeichnet, und alle Spukaktionen werden mit Menschen und Orten mit niedrigem Bewusstsein in Verbindung gebracht. Ganz allgemein besteht die Antwort zur Heilung von Spuk darin, das Bewusstsein der Menschen und ihres Zuhauses zu erhöhen und alle emotionalen Probleme der Lebenden und der Toten zu lösen. Emotionale Heilung, geopathische Stressheilung und Heilung von Naturgeistern können dazu beitragen, die Häufigkeit und Intensität von Spukaktionen zu reduzieren.

Zu beachten ist, dass Poltergeister durch Psychokinese verursacht werden, die unbewusst von emotional unbeständigen / in Schwierigkeiten steckenden Personen ausgelöst wird, die in dem Haus leben. Dieses Phänomen unterscheidet sich von Geistern, die die Energie traumatischer Gedankenformen und Geister / Seelen der Toten sind, die nicht weitergezogen sind. Wenn es Poltergeist-Aktivitäten gibt, konzentriere dich auf die emotionale Heilung und Anhebung des Bewusstseins bei Teenagern und / oder sehr emotionalen und / oder psychisch kranken Personen in dem Haus. Bei Geistern lege den Schwerpunkt auf die Heilung dieser Wesenheiten sowie der Orte, an denen sie sich aufhalten, und erst in zweiter Linie auf die Heilung der Familienmitglieder in diesem Haus.

Schließlich habe ich ein paar Befehle zur Geisterjagd eingegeben, um zu helfen, mit Spaß Geister zu finden.

## Befehle

Schließe alle Portale / Wirbel.

Sammle alle verlorenen Seelenfragmente und vereinige sie jetzt auf perfekte Weise mit ihren Seelen.

Hilf allen Seelen hier, mit ihrem Tod Frieden zu schließen, damit sie ihre neue Existenz annehmen und weitergehen können.

Hilf diesem Geist, dorthin zu gehen, wo er zum höchsten Wohl aller Beteiligten hingehen muss.

Ich bitte darum, dass alle Seelen (Selbstidentitätsbewusstsein von Toten) auf ihren Weg dorthin geschickt werden, wohin sie gehen müssen, um sich zu ihrem höchsten Wohl zu entwickeln.

Ich bezeuge eine einwandfreie Leistung meiner Geisterjagdausrüstung.

Erhöhe meine Fähigkeit, paranormale Phänomene zu erkennen.

Erhöhe die Menge an Liebe in diesem Raum auf das höchstmögliche Maß für unsere Gesundheit und unser Wohlbefinden.

Erhöhen Sie das Maß an Liebe auf das höchste Niveau.

Neutralisiere alle Gefühle der Angst, des Leidens und der Energien niederen Bewusstseins, die im Raum anwesend sind.

Neutralisiere alle Energien der Angst oder Sorge.

Neutralisiere alle schädlichen Energien.

Neutralisiere alle Traumata im Haus.

Neutralilisiere Blockaden, damit die Geistererkennungsgeräte funktionieren.

Neutralisiere negative Emotionen in der Umgebung.

Erhöhe das Bewusstsein der Seele / des Bewusstseins / des Geistes der Person auf das höchstmögliche Niveau.

Erhöhe das Niveau von Bewusstsein und Liebe, entferne alle Reste von Traumata aus dem Bereich, und sende göttliche Liebe und Dankbarkeit.

Erhöhe das Bewusstsein jeder Person, die eventuell das Poltergeist-Phänomen verursacht.

Erhöhe das Bewusstsein jeder Person im Haus auf das höchste Niveau.

Sende Liebe an alle Geister.

Sende Liebe an jeden im Haus.

Sende die höchsten Frequenzen und Potenzen der Liebe an die Geister in diesem Haus.

Sende Winterenergie (Grau) an alles, das nicht Liebe ist, so dass der Spuk aufhört.

Stoppe jetzt alle psychischen Angriffe.

Wandle die Energien der Angst und der Wut in Liebe um.

# Sternensamen

Wir sind mit einer Mission auf die Erde gekommen, haben es höchstwahrscheinlich vergessen und fragen uns jetzt, was zum Teufel mache ich hier? Wenn du das Gefühl hast, nicht auf die Erde zu gehören, ist dieser Abschnitt für dich. Benutze diese Pendelbefehle, um dich mit deinen Sternensamenwurzeln zu verbinden und dich an deine Mission hier auf der Erde zu erinnern.

## Befehle

Verbinde mein Sternensamenselbst mit meinem menschlichen Selbst.

Bringe meine Sternensamen-Geschenke hervor, damit ich ein fantastisches Leben habe.

Vervollständige die Metamorphose vom Sternensamen zum Menschen.

Wirke meiner Neigung, Menschen zu verachten, entgegen.

Ermächtige mich, all meine Sternensamen-Geschenke vollständig zu aktivieren.

Belebe mich mit Energie, damit ich meine Sternensamen-Mission auf der Erde ausführe.

Belebe meinen Wunsch, mich mit der menschlichen Welt auseinanderzusetzen.

Genieße es, als Person zu leben.

Integriere mich voll und ganz als Menschen.

Harmonisiere meine Beziehungen mit der Menschheit.

Harmonisiere die Beziehungen zwischen meinen Sternensamen-Vorfahren und der Menschheit.

Harmonisiere die Beziehungen zwischen meiner Sternensamen-Vergangenheit und meiner gegenwärtigen menschlichen Existenz.

Heile meine Verbindung zu meiner menschlichen Familie.

Ich akzeptiere meine Verrücktheit und fremdartige Schönheit.

Ich sende blaugrüne Energie, um Spaß auf der Erde zu haben.

Ich bezeuge, dass ich ein menschliches Wesen bin.

Erhöhe meine Fähigkeit, die Ergebnisse meiner Sternensamen-Mission an meine Sternensamen-Vorfahren zu übermitteln.

Steigere meine Akzeptanz meiner irdischen Existenz.

Steigere meine menschliche Erfahrung der Freude.

Erhöhen Sie meine Bereitschaft, auf der Erde in Frieden zu sein.

Zu meinem Wohlbefinden steigere meine Bereitschaft menschlich zu sein auf ein Höchstmaß.

Steigere meine Lebensfreude auf der Erde massiv.

Neutralisiere all meine Blockaden, meine Sternensamen-Mission auszuführen.

Neutralisiere alle disharmonischen Aspekte der Sternensaat und der menschlichen Beziehungen.

Neutralisiere meine Blockaden, mich anderen Menschen verbunden zu fühlen.

Neutralisiere Blockaden, auf der Erde in Frieden zu sein.

Neutralisiere Gefühle der Verachtung für die Erde / die Menschen.

Neutralisiere negative Gedanken, Emotionen und Erinnerungen zwischen meinem Sternensamenselbst und meiner menschlichen Inkarnation.

Neutralisiere Traumata von der Inkarnation als Mensch.

Erhöhe die Bewusstseinsstufe meiner Sternensamen-Vorfahren.

Sende Liebe und Wertschätzung an meine menschliche Form.

Synergiere mein Sternensamen- und mein menschliches Selbst, so dass ich ein fantastisches Leben habe.

# Tägliche Routine

Man kann den Tag mit einer Pendelheilungsroutine beginnen und eine Reihe von Befehlen durchgehen. Diese Befehle lassen sich so ändern, dass sie für alle Personen relevant sind, für die Pendelheilung durchgeführt werden soll, z. B. Familienmitglieder, Freunde usw. und man kann Befehle aus anderen Abschnitten des Buches hinzufügen. Der Tagesbeginn ist eine wichtige Zeit für Pendelarbeiten, und Pendelheilungsbefehle können leicht in Meditation und Gebet integriert werden. Das ist ein guter Start in den Tag.

## Befehle

Erweitere meine Vorstellung von der Realität, um das Beste aus diesem Tag zu machen.

Ändere meine Energie in Blaugrün.

Mach mich zu einer Person, die _______.

Harmonisiere meine Beziehungen zu allen bekannten und unbekannten Menschen, auf die ich heute treffe.

Hilf mir, in meinem Herzen zu wissen, was ich tun soll, damit ich meiner Freude folgen kann.

Ich bin mit dem Geist verbunden.

Ich erlange die Fähigkeit, Herausforderungen als Chance zum Wachstum anzusehen.

Ich sehe, wie ich Spaß habe am Spiel des Lebens.

*Von Erich Hunter Ph.D.*

Ich sende jedem, den ich kenne, Liebe.

Ich bezeuge, dass ich einen tollen / fantastischen Tag habe.

Ich bezeuge, dass ich bereit bin, mich dem heutigen Tag zu stellen, was mir Leichtigkeit, Freude und Anmut bringt.

Steigere meine Fähigkeit, gegenwärtig zu sein.

Steigere meine Fähigkeit, zu wissen, was ich wissen muss und zu sein, wer ich heute sein sollte.

Erhöhe mein Bewusstsein auf das höchste Maß.

Steigere mein Verlangen, mein volles Potenzial zu leben.

Steigere mein Vergnügen auf das höchste Maß.

Steigere meine Erfahrung der Freude.

Steigere mein Niveau an Liebe auf das höchste Maß.

Steigere meine Vitalität auf das höchste Maß.

Erhöhe die Anzahl der Synchronizitäten, die heute zu Win-Win-Situationen führen.

Maximimiere meine Fähigkeit, das loszulassen, was mir nicht dient.

Maximimiere die Menge an (Liebe/Vergnügen/Freude/usw.), die ich heute erlebe.

Neutralisiere alle Blockaden, damit ich einen tollen Tag habe.

Neutralisiere alle Blockaden, gegenwärtig zu sein.

Erhöhe mein Bewusstsein auf den höchsten Grad.

Sende blaugrüne Energie an ______, was ich heute vorhabe.

Sende blaugrüne Energie an meinen Tag.

Sende meiner Familie, all meinen Freunden und ______ Liebe.

Lade meine Fähigkeit auf, aus dem heutigen Tag den besten meines bisherigen Lebens zu machen.

Heute wähle ich ______ zu erleben.

Heute beschenke ich mich mit ______.

Heute setze ich ______ frei.

Heute trage ich ______ zu meinem Ziel ______ bei.

Heute genieße ich mein Leben in vollem Umfang und lebe es in vollen Zügen aus.

Heute sende ich Liebe an ______.

Heute verbringe ich meine Zeit voll und ganz präsent mit meiner Familie und Freunden, die ich liebe.

# Tiere

Tiere (insbesondere Pferde, Hunde, Katzen, Vögel usw.) reagieren auf Pendelheilung genauso wie Menschen. Du kannst daher auch die Abschnitte Gesundheit und Emotionen in diesem Buch benutzen, wenn du mit bestimmten Gesundheitsproblemen eines Haustieres zu tun hast. In diesem Abschnitt gebe ich einige für Tiere spezifische Befehle sowie einige allgemeine Befehle, die möglicherweise nützlich sind. Der Einfachheit halber beziehe ich mich hauptsächlich auf Pferde, Katzen, Hunde oder Haustiere, du kannst das jedoch für jedes hilfsbedürftige Tier einsetzen, z. B. Frettchen, Eidechsen, Vögel, Fische usw.

## Befehle

### Allgemein (Tiere)

Steigere die Fähigkeit meines _______ auf das höchstmögliche Niveau, seine Bedürfnisse zu kommunizieren.

### Angst

Verringere das Niveau der Angst vor _______.

Verringere die Empfindung / das Gefühl der Bedrohung, die mein Pferd / Hund / meine Katze erlebt, wenn es / er/ sie _______ sieht.

Verleihe ein Gefühl der Ruhe.

Erhöhe den Mut meines Haustieres, um auf Angst basierende Aggressionen zu reduzieren.

Sende Liebe an mein Pferd / meinen Hund.

<u>Bellen</u>

Sende beruhigende Energie an den Kläffer.

Sende dem Hund die Energie der Anwesenheit seines Besitzers, um sein Bellen zu stoppen.

<u>Futter & Trinken</u>

Ändere die Energie des Futters für mein Haustier in Blaugrün.

Ändere die Energie des Wassers in Blaugrün.

Harmonisiere das Futter mit dem Körper meines Haustieres.

Steigere meine Fähigkeit, frisches Heu für mein Pferd aufzutreiben, auf das höchstmögliche Niveau.

Steigere meine Intuition auf das höchstmögliche Niveau, zum besten Futter für mein Pferd / meinen Hund / meine Katze zu greifen.

Steigere meine Sensibilität für die Nahrungspräferenzen und -bedürfnisse meines Haustieres auf das höchste Niveau.

Steigere das Bewusstsein meines Hundes / meiner Katze / usw. für Gesundheit und Wohlbefinden auf das höchste Niveau.

Steigere die Verdaulichkeit des Futters auf das höchste Niveau.

Neutralisiere alle schädlichen Aspekte des Futters / des Trinkens meines Haustieres.

Erhöhe das Niveau des Bewusstseins des Futters / Trinkens meines Haustieres.

<u>Impfungen</u>

Desensibilisiere mein Haustier gegen giftige Substanzen im Impfstoff.

Harmonisiere den Impfstoff mit dem Körper.

Ich bezeuge die komplette und vollständige Heilung meines Haustieres von der Impfung.

Steigere die vorteilhafte Wirkung der Impfung auf die höchste Stufe.

Mein Haustier verarbeitet und scheidet die Schadstoffe aus den Impfstoffen sicher aus.

Das Immunsystem meines Haustieres lernt aus dem Impfstoff und schützt mein Haustier wirksam vor Krankheiten.

Neutralisiere alle schädlichen Nebenwirkungen der Impfstoffe.

Neutralisiere giftige Verbindungen in den Impfstoffen.

Entferne Traumata der Impfung.

Rege das Immunsystem zur richtigen Reaktion auf den Impfstoff an.

<u>Kampf / Aggression</u>

Reduziere das Verlangen meines Haustieres zu kämpfen.

Harmonisiere die Beziehung zwischen ______ und ______.

Harmonisiere die Beziehung zwischen meinen Haustieren.

Erhöhe den Mut meines Haustieres, um auf Angst basierende Aggressionen zu reduzieren.

Steigere die Häufigkeit unterwürfigen Verhaltens bei meinem Haustier.

Neutralisiere jegliche Aggression bei meinem Hund und ersetze sie mit der Energie der Ruhe.

Neutralisiere dominantes Verhalten, das zum Kampf führt.

Sende beruhigende Energie an die Amygdala meines Haustieres.

Harmonisiere die Beziehung zwischen meinem Hund und _______.

<u>Lebensende</u>

Ich sende meinem _______ Liebe.

Ich sende die Energie des Winters, damit _______ Frieden mit dem Tod schließen kann, so dass _______ sich frei fühlen kann für den Übergang und dafür, eine neue Existenz anzunehmen.

Wenn es zum höchsten Wohl meines _______ ist, lass (ihn/sie/es) ein Gefühl der Vollendung dieses Lebens empfinden.

Entferne jegliche Blockaden, die mein _______ davor hat, mit Anmut und Leichtigkeit hinüber zu gehen.

Entferne jegliches Trauma, das mein _______ erleben mag und ersetze es mit blaugrüner Energie und dem vollständigen Gefühl, geliebt zu werden.

## Notfallversorgung/Tierärztliche Versorgung

Lieber Gott, ich bitte darum, dass dieser Besuch beim Tierarzt sich zum höchsten Wohl meines Haustieres und zum höchsten Wohl aller Betroffenen auswirkt.

Reduziere die Angst / Scheu meines (Pferd / Katze) vor (dem Anhänger / der Transportbox).

Harmonisiere die Medizin, die mein Hund einnimmt, mit seinem Körper und entferne jegliche unzuträgliche Energie.

Harmonisiere die Beziehung zwischen dem Tierarzt, dem tierärztlich-technischen Personal und meinem (Pferd / Katze / Hund).

Harmonisiere die Beziehung meines (Pferd / Katze) zum (Anhänger / Transportbox).

Ich bezeuge komplette und vollständige Heilung meines Haustieres.

Ich bezeuge, dass mein Pferd / Hund die Medizin / Pille mit Leichtigkeit einnimmt.

Ich bezeuge, dass die Tierärzte einen tollen Job machen und genau herausfinden, wie das Gesundheitsproblem meines Haustieres geheilt werden kann.

Steigere meine Fähigkeit, leicht mit meinem Hund zu kommunizieren, so dass ich seine Symptome leicht verstehen kann.

Erhöhe meine intuitive Verbindung zu meinem Hund, damit ich seinen Zustand leicht einschätzen und die beste Wahl der Heilmittel für ihn treffen kann.

Steigere das Niveau der Freude meines (Pferd / Katze) während des Transports.

Steigere die Problemlösungsfähigkeiten von Tierärzten und tierärztlichen Technikern auf das höchste Niveau.

Neutralisiere jegliche Blockaden, damit die Tierärzte schnell eintreffen und das Problem lösen.

Erhöhe das Bewusstsein und sende Liebe an die Tierarztpraxis und das Personal, das mit meinem Tier arbeitet.

Erhöhe das Bewusstsein des Tierarztes und der tierärztlichen Techniker auf das höchstmögliche Niveau.

Reduziere die Schmerzen, die mein Hund fühlt, auf Null.

Entferne jegliche Angst oder Furcht meines Tieres vor dem Tierarzt-Besuch.

Sende blaugrüne Energie an die Tierarzt-Praxis, das Personal und das Sprechzimmer.

Sende beruhigende Energie an mein (Pferd / Katze / Hund).

Sende die Energie des Winters an meinen Hund, um diese Krankheit zu beenden und einen gesunden Neubeginn zu unterstützen.

Sende Liebe an die Krankheit meines Hundes.

<u>Parasiten</u>

Ändere die Energie der Scheune in Blaugrün, um Fliegen abzuhalten.

Errichte einen Schutzschild um mein Pferd, um es vor Bremsen zu schützen.

Verringere die Attraktivität meines Haustieres für Parasiten.

Ich bezeuge das völlige Verschwinden des Parasitenbefalls.

Erhöhe die Fähigkeit des Immunsystems, Parasiten abzuwehren.

Erhöhe die Wirksamkeit des Flohmedikaments.

Erhöhe das Immunsystem meines Haustieres auf das höchste Niveau, damit es gegen Parasiten resistent ist.

Mache mein Haustier für Zecken / Flöhe unsichtbar.

Maximiere die Effektivität des Entwurmers.

Neutralisiere jegliches Pilzwachstum.

Sende wintergraue Energie an den Flohbefall.

Sende Wintergrau an jeglichen Pilz.

Sende Wintergrau an den Wurmbefall.

<u>Pferde</u>

Lieber Gott, hilf meinem Pferd, sich unterwegs im Anhänger eine neue, ruhige Erfahrung vorzustellen.

Verringere die Empfindlichkeit meines Pferdes gegenüber peripheren Objekten.

Löse die traumatische Energie von Steinschlag.

Harmonisiere meine Beziehungen mit dem Hufschmied / Stallmeister / den Knechten.

Neutralisiere alle negativen Gedanken, Gefühle und Erinnerungen zwischen dem Hufschmied / Stallmeister / den Knechten sowie mir und meinem Pferd.

Harmonisiere den Sattel mit dem Pferd.

Harmonisiere die Hufeisen mit den Hufen meines Pferdes.

Ich bezeuge mein Pferd als gesund.

Ich bezeuge die vollständige Heilung der Kolik.

Steigere meine Fähigkeit, frisches Heu für mein Pferd aufzutreiben, auf das höchstmögliche Niveau.

Steigere die Fähigkeit meines Pferdes, unterwegs im Anhänger ruhig zu bleiben.

Steigere die Freude bei meinem Pferd auf das höchste Niveau.

Steigere die positiven Gedanken, Gefühle und Erinnerungen zwischen dem Hufschmied / Stallmeister / den Knechten sowie mir und meinem Pferd.

Steigere die Stärke der Hufe meines Pferdes.

Neutralisiere jegliche negativen Gedanken, Gefühle und Erinnerungen meines Pferdes darüber, geritten zu werden.

Neutralisiere die Angst meines Pferdes vor dem Transport im Anhänger.

Neutralisiere Traumata aus der Hufeisen- / Hufschmiedearbeit.

Neutralisiere Traumata aus vergangenem, unsachgemäßen Anhänger-Transport.

Erhöhe das Bewusstsein des Stallmanagers auf das höchstmögliche Niveau.

Erhöhe das Bewusstsein der Knechte auf das höchstmögliche Niveau.

Erhöhe das Bewusstsein des Hufschmieds auf das höchstmögliche Niveau.

Sende blaugrüne Energie in die Realität, dass mein Pferd gesund ist.

Sende beruhigende Energie während des Transports im Anhänger.

Sende wintergraue Energie an mein lahmendes Pferd.

Training

Lieber Gott, hilft mir den perfekten Trainer für mein Pferd / meinen Hund zu finden.

Harmonisiere mein Pferd / meinen Hund mit dem Sprung über Hindernisse.

Harmonisiere meine Beziehung zu meinem Pferd / Hund, so dass wir beide es lieben miteinander zu trainieren.

Erhöhe meine Bewusstseinsstufe auf das höchste Niveau, so dass ich den perfekten Trainer für mein Pferd / meinen Hund erkenne.

Erhöhe das Niveau des Vertrauens, das mein Pferd / Hund in mich setzt.

Steigere das Vergnügen meines Pferdes / Hundes am Training.

Erhöhe die Anzahl der Synchronizitäten, die mich leiten, den perfekten Trainer für mein Pferd / meinen Hund zu finden.

Maximiere die Menge der Freude meines Pferdes / Hundes am Training.

Neutralisiere alle Blockaden, die mich davon abhalten, den perfekten Trainer für mein Pferd / meinen Hund zu finden.

Neutralisiere die Angst meines Pferdes / Hundes vor dem Springen.

Erhöhe die Bewusstseinsstufe meines Pferdes / Hundes, so dass sie schnell lernen.

Sende blaugrüne Energie an die Vorstellung, dass ich den perfekten Trainer für mein Pferd / meinen Hund finde.

Stärke / öffne die psychische Verbindung zwischen mir und meinem Pferd / Hund während des Trainings, damit wir gemeinsam handeln und uns gegenseitig klar lesen.

<u>Verletzungen</u>

Wenn es zum höchsten Wohl ist, verringere den Blutverlust.

Ich bezeuge die vollständige Heilung meines Pferdes / Hundes/ meiner Katze.

Steigere die Heilkraft meines Haustieres.

Neutralisiere jegliches Trauma aus der Verletzung meines Pferdes / Hundes / meiner Katze.

Stimuliere das Zellwachstum und die Regeneration.

<u>Verlorene Tiere</u>

Lieber Gott, bitte hilf mir, mein verlorenes Haustier zu finden.

Gott, erschaffe die perfekte Synchronizität, um meinen verlorenen Hund zu finden.

Ich neutralisiere jegliche Blockaden, die mein Haustier vor der Heimkehr hat.

Ich schärfe das Bewusstsein aller in meiner Nachbarschaft, um die Wahrscheinlichkeit zu erhöhen, dass mein Haustier gefunden und zurückgebracht wird.

Ich sende blaugrüne Energie an mein Haustier, damit es gefunden wird.

Ich sende wintergraue Energie an mein verlorenes Haustier.

Ich bezeuge die Heimkehr meines Haustieres.

Wenn es zum höchsten Wohl aller Beteiligten ist, lass _______ bitte gefunden und sicher zu mir zurückgebracht werden.

Erhöhe die Bewusstseinsstufe meines Hundes auf den höchsten Wert, damit er sicher nach Hause finden kann.

Erhöhe die Energie meines Zuhauses, damit mein Hund sich hineinfühlen und mühelos zurückfinden kann.

Mache meinen Hund für jeden sichtbar, der hilft, ihn wieder zu finden und unsichtbar für alles / jeden, der / das ihm Schaden zufügen könnte.

Reduziere jegliche Angst oder Verwirrung meines Hundes und lasse ihn sicher nach Hause zurückkehren.

Entferne alle Blockaden, die ich davor habe, meinen verlorenen Hund zu finden.

Sende eine Botschaft an mein Haustier, dass es sicher ist nach Hause zurückzukehren.

# Übersinnliche Fähigkeiten

Du kannst die natürlichen übersinnlichen1 Fähigkeiten, die du bereits hast, entwickeln und vielleicht noch einige neue kultivieren. Die meisten Menschen sind bis zu einem gewissen Grad übersinnlich veranlagt und diese Befehle können dabei helfen, die übersinnlichen Fähigkeiten freizuschalten und / oder bewusster zu machen. Beachte, dass die übersinnlichen Kräfte nicht nur das Dritte Auge sind. Dein Herz und dein Bauch sind stark übersinnlich. In gewisser Weise gibt dir dein ganzer Körper jederzeit übersinnliche Informationen. Wie sehr bist du dir dessen bewusst? Wende die Befehle in diesem Abschnitt an, um deine übersinnlichen Kräfte zu entwickeln.

**Befehle**

Erweitere mein Bewusstsein.

Harmonisiere mich mit dem Fluss übersinnlicher Informationen.

Harmonisiere die fünf Sinne.

Harmonisiere den Informationsfluss von meinem Herzen / Bauch ins Gehirn.

---

1 Anmerkung der Übersetzerin: Der englische Begriff „psychic" kann sowohl mit „psychisch" als auch „übersinnlich" übersetzt werden. Ich benutze hier den Begriff „übersinnlich", weil er andeutet, dass es sich um nicht alltägliche Wahrnehmungen handelt, die jedoch trotzdem mit den fünf Sinnen erfasst werden.

Erhöhe das Bewusstsein meines Bauchs / Herzens auf das höchste Niveau.

Erhöhe meine Fähigkeit, meine Bauch- / Herzintelligenz zu hören und zu verstehen, auf das höchste Niveau.

Erhöhe mein Bewusstsein für subtile Hinweise auf das höchste Niveau.

Erhöhe die Kraft meiner Intuition.

Erhöhe die übersinnlichen Fähigkeiten meines Bauchs / Herzens auf das höchste Niveau.

Intensiviere meine Empfänglichkeit für intuitive / übersinnliche Signale.

Erweitere meine Intuition.

Erweitere die fünf Sinne.

Lass diese übersinnliche Lesung zu meinem höchsten Wohl und zum höchsten Wohl aller Beteiligten sein.

Neutralisiere all meine Blockaden, auf meinen Bauch / mein Herz zu hören.

Neutralisiere all meine Blockaden, übersinnliche Botschaften klar zu empfangen.

Neutralisiere alle Blockaden meines Bauchs / Herzens, vor Intuition und übersinnlicher Intelligenz.

Neutralisiere Blockaden vor übersinnlicher Information.

*Von Erich Hunter Ph.D.*

Steigere meine Intuition auf das höchste Niveau.

Sende Blaugrün an meine übersinnlichen Fähigkeiten.

Sensibilisiere mich für subtile Signale.

Lade meine übersinnlichen Fähigkeiten auf.

# UFOs

Du kannst dein Pendel dazu benutzen, dich vor schädlichen E.T.s zu schützen und auch freundliche herbeizurufen. Ich habe mit beiden Bestrebungen Erfolg gehabt. Du kannst auch Befehle zum Schutz, zur emotionalen und zur physischen Heilung nach einer Entführung verwenden.

## Befehle

Harmonisiere meine Beziehungen zu E.T.s.

Ich bezeuge, dass ich sicheren und freundlichen Kontakt mit E.T.s habe.

Mache mich für schädliche Außerirdische unsichtbar.

Neutralisiere alle außerirdischen Implantate, die mir eingesetzt worden sein könnten.

Neutralisiere alle durch Zeckenbisse entstandenen Portale für Aliens.

Neutralisiere alle Gedanken, Emotionen oder Erinnerungen, die mit der Entführung zu tun haben.

Schütze mich vor Entführung.

Sende graue (Winter) Energie an alle entführenden Außerirdschen.

Entferne alle Traumata jeglicher medizinischer Prozeduren, die während der Entführung passierten.

Sende eine Nachricht an alle hilfreichen E.T.s, die bereit sind, mich vor außerirdischer Entführung zu schützen / sich mir zu zeigen.

Sende graue (Winter) Energie an alle Außerirdischen, die mich entführen wollen.

# Vergangene Leben

Etwas Seltsames an der Vergangenheit ist, dass sie immer zu existieren scheint. Die Gegenwart ist die Vergangenheit eines künftigen Moments. Die Wissenschaft scheint diese Ansicht im Allgemeinen mit Begriffen wie Blockzeit zu untermauern. Interessanterweise weisen medizinische Studien von Menschen, die berichten, dass sie sich an vergangene Leben erinnern, häufig auf ein Trauma im vergangenen Leben hin. Kombiniert man das mit dem Karma, dass vergangene Lebenslektionen gelöst werden müssen, dann sehen wir, dass die Heilung vergangener Leben von einiger Dringlichkeit und Wichtigkeit ist. Setze die folgenden Befehle ein, um die Heilung von Angelegenheiten aus früheren Leben anzuregen.


**Befehle**

Bringe mein vergangenes Leben zum Abschluss.

Reinige die DNA für ______ Generationen auf der ______ Seite der Familie von schädlichen Erinnerungen.

Extrahiere alle nützlichen Informationen aus meinem früheren Leben.

Sammle alle verlorenen Seelenfragmente ein und vereinige sie auf perfekte Weise wieder mit mir.

Harmonisiere mein gegenwärtiges mit meinem vergangenen Leben.

Heile das jetzt, in der Vergangenheit und für alle Zeit.

Ich bezeuge jetzt den Pfad der Heilung bis zur vollständigen Genesung für meine gesamte Herkunftslinie durch alle Zeiten.

Wenn es zu meinem höchsten Wohl ist, gib mir ein Gefühl der Vollendung meines vergangenen Lebens, so dass ich voll im Jetzt leben kann.

Erhöhe meine Fähigkeit, die Weisheit meines vergangenen Lebens in der Gegenwart zu nutzen.

Neutralisiere Traumata vergangener Leben.

Neutralisiere Unsicherheit aus der Zeit zwischen den Leben.

Erhöhe mein Bewusstsein jetzt und in allen vergangenen Leben.

Versöhne meine vergangene Lebensgeschichte mit meinem gegenwärtigen Leben, um zu heilen.

Übertrage die Erfahrungen und die Weisheit meines vergangenen Lebens in die Gegenwart.

Wandle Traumata meines vergangenen Lebens in Stärken in diesem Leben.

Mache Verwirrungen vergangener Leben rückgängig und wende sie jetzt in Klarheit um.

# Verloren und gefunden

Du kannst diese Befehle für Objekte, Haustiere und Personen anwenden. Für alles, was du zurückerlangen oder finden möchtest.

**Befehle**

Stimme mich auf ______ ein, damit ich ______ finde.

Wenn es zum höchsten Wohl aller Betroffenen ist, lass ______ bitte nach Hause kommen.

Wenn es zum höchsten Wohl aller Betroffenen ist, lass ____ bitte gefunden und sicher zu mir zurückgebracht werden.

Erhöhe die Anzahl der Synchronizitäten, die dazu führen, dass das Objekt / die Person gefunden wird.

Erhöhe die Wahrscheinlichkeit, dass ______ nach Hause kommt.

Erhöhe die Wahrscheinlichkeit, dass ______ gefunden wird.

Magnetisiere mich, damit ich anziehe wonach ich suche.

Neutralisiere alle Blockaden vor der Heimkehr von ______.

Neutralisiere alle Angst davor, nach Hause zurückzukehren.

Hebe mein Bewusstsein auf das höchste Niveau an, so dass ich ______ finde.

*Von Erich Hunter Ph.D.*

Sende eine Nachricht an alle, die mir helfen können, _______ zu finden, und veranlasse sie zu handeln, um mir _______ zurückzugeben.

Gib _______ ein Zeichen und teile ihm/ihr mit, dass die Rückkehr nach Hause sicher ist.

Sende blaugrüne Energie an _______, um nach Hause zu kommen.

Sende blaugrüne Energie zum Finden von _______.

Sensibilisiere mich für das verlorene _______, damit ich es erkennen und finden kann.

# Wetter

Benutze diese Befehle, um das Beste aus Schlechtwetter-Situationen zu machen. Du kannst das mit Schutzbefehlen kombinieren. Versuche nicht, das Wetter insgesamt zu ändern oder einen Sturm zu stoppen. Es ist nur ethisch vertretbar, geringfügige Änderungen vorzunehmen, z. B. um zu verhindern, dass ein Sturm dein Haus zerstört. Der Versuch, den ganzen Sturm aufzuhalten, kann unbeabsichtigte Folgen haben, die sehr schlimm sein können und später zu größeren Problemen führen, da der Sturm versucht, eine energetische Unausgewogenheit zu beseitigen. Schütze dich und deine Lieben, doch lass ansonsten Mutter Natur in Ruhe.

## Befehle

Bewahre mich, meine Familie, Haustiere, mein Auto, Zuhause, usw. in Sicherheit.

Es regnet um mich herum.

Der Regen fängt nicht an / pausiert, bis ich einen geschützten Ort erreicht habe.

Ich bezeuge, dass umstürzende Bäume weg von meinem Haus oder Auto umfallen.

Dieser Baum stürzt nicht.

Erhöhe das Bewusstsein der Sturmhelfer (z. B. der Rettungskräfte, Mitarbeiter der Elektrizitätswerke usw.).

Sende blaugrüne Energie, damit der Strom wiederkommt (oder anbleibt).

Neutralisiere alle Blockaden, dass der Strom wiederkommt.

Wenn es zum höchsten Wohl aller ist, wird der Sturm mein Haus nicht treffen.

Sende blaugrüne Energie, damit die Straßen schnell geräumt werden.

Sende blaugrüne Energie an die Sturmhelfer.

Sende blaugrüne Energie an den Sturm.

Sende Heilung an den Sturm.

Neutralisiere Traumata vom Sturm.

# Zuhause

Benutze dein Pendel, um aus deinem Zuhause einen Wohnraum zu machen, in dem es sich angenehm lebt. Hier gibt es einige Überschneidungen mit dem Abschnitt zum geopathischen Stress, der daher auch überprüft werden sollte. Die Heilung des Heims wird letztendlich auch von der Heilung von Geistern und Naturgeistern profitieren. Wenn du all diese Heilungen bei dir zu Hause durchführst, wird dein Zuhause zu einem angenehmeren Wohnort und es ist ebenfalls sehr hilfreich, wenn du das Haus zu verkaufen versuchst.

## Befehle

Ändere die Energie des ______ (Raum/Haus) in Blaugrün.

Ändere die Energie der Wasserversorgung des Hauses in Blaugrün.

Schließe alle Portale / Wirbel.

Magnetisiere einen konstanten Strom heilender Energie, der in unser Haus fließt.

Harmonisiere die Behandlung gegen Schimmelpilze / Schädlinge mit dem Haus.

Harmonisiere meine Beziehung zum Hausgeist.

Harmonisiere meine Beziehung zu den Nachbarn.

Harmonisiere die häuslichen Beziehungen zu den örtlichen Naturgeistern.

Harmonisiere die Energien des Raumes / Hauses mit den Bewohnern zum höchsten Wohl.

Harmonisiere die Energie des Zuhauses.

Harmonisiere die Beziehungen unter allen Hausbewohnern.

Erhöhe die Menge an Liebe in diesem Raum / Haus auf das für unsere Gesundheit und unser Wohlbefinden höchstmögliche Niveau.

Mache mein Zuhause für Diebe und Vandalen unsichtbar.

Neutralisiere alle Gefühle der Angst, des Leidens und der Energien niedrigen Bewusstseins, die im Raum / Zuhause vorhanden sind.

Neutralisiere alle negativen Emotionen im Raum / Heim.

Schütze mein Zuhause vor Diebstahl, Feuer, Wasserschaden usw.

Steigere das Bewusstsein der _______ Handwerker-Experten.

Erhöhe das Bewusstsein des Hausgeistes auf das höchste Niveau.

Erhöhe das Bewusstsein dieses Raums / Zuhauses auf das höchstmögliche Niveau für unsere Gesundheit und unser Wohlbefinden.

Entferne Traumata aus den _______ Arbeiten am Haus.

Sende Liebe und Heilung an die Nachbarn, die mich verrückt machen.

Sende Liebe an den Hausgeist.

Sende den Nachbarn Liebe und Heilung.

Sende Wintergrau an jeglichen Lärm, der von außen kommt.

Mache das Trauma, das die lokalen Naturgeister durch den Hausbau erlitten haben, rückgängig.

# Befehlsstichworte

Nutze diese Worte, um deine eigenen Befehle zu erstellen.

Ändere

Akzeptiere

Akkumuliere

Annulliere

Balanciere (aus)

Begrenze

Bestärke

Bestätige

Bezwinge

Bilde

Brich

Bremse

Deeskaliere

Desensibilisiere

Devitalisiere

Dünne ... aus

Energetisiere

Entfremde

Entleere

Entspanne

Erfahre

Erhebe

Erhöhe

Erkenne an

Erreiche

Errichte

Erweitere

Fange ... auf

Füge hinzu

Füge ... zusammen

Genieße

Gleiche ... an

Gleiche ... aus

Häufe ... an

Harmonisiere

Hebe ... an

Hebe ... auf

Integriere

Intensiviere

Kombiniere

Kontere

Kontrastiere

Konzentriere

Koordiniere

Koste ... aus

Lade ... auf

Lass ... ab- / auslaufen

Lass dir ... schmecken

Lass nach

Mache ... rückgängig

Mache ... unwirksam

Mache ... wieder wett

Magnetisiere

Maximiere

Modifiziere

Multipliziere

Negiere

Neutralisiere

Optimiere

Reduziere

Regeneriere

Rehydriere

Richte aus

Rolle … zurück

Schrumpfe

Schwäche

Senke

Standardisiere

Steigere

Steigere die Größe / das Ausmaß

Stimme ab

Synchronisiere

Synergiere

Transformiere

Unterdrücke

Unterstütze

Verbreitere

Vereinheitliche

Vereinige

Verenge

Vergrößere

Verjünge

Verkleinere

Verkürze

Verlangsame

Vermehre

Vermindere

Vernichte

Verringere die Größe / das Ausmaß

Versammle

Verstärke

Vertiefe

Verwandle

Verzögere

Wachse

Wandle … um

Wechsle

Werte … ab

Widerspreche

Wirke … entgegen

Ziehe … ab

# Danke

Danke, dass du mein Buch gelesen hast. Ich schätze dein Interesse sehr.

Wenn du zu mir Kontakt aufnehmen möchtest, besuche bitte meine Webseite und klicke das Email-Symbol an.

www.pendulumhealing.com

Ich freue mich über alle Kommentare, Fragen oder Vorschläge zu diesem Buch. Ich lerne so viel von meinen Lesern und schätze die Kommunikation miteinander sehr.

Wenn du meine Webseite besuchst, informiere dich bitte über meine Kurse und meine speziell angefertigten Pendel. Wenn du an einem Kurs teilnehmen möchtest, wende dich bitte an mich und du erhältst 15% Rabatt auf deinen ersten Kurs.

Ebenso bin ich an Ideen für neue Kurse interessiert. Ich strebe danach, Relevantes für dich auf deiner Reise anzubieten und bedanke mich im Voraus für alle Vorschläge.

Danke.

Erich Hunter Ph.D.